未成仏百物語
竹書房文庫

目次

黒木あるじ
Aruji Kuroki

黒木あるじ（くろき・あるじ）

『怪談実話 震』で単著デビュー。「無惨百物語」シリーズ、『黒木魔奇録』『黒木魔奇録 狐憑き』『怪談実話傑作選 弔』『怪談実話傑作選 磔』『怪談売買録 拝み猫』『怪談売買録 嗤い猿』など。共著には「FKB 饗宴」「怪談五色」「ふたり怪談」「怪談四十九夜」「瞬殺怪談」各シリーズなど。小田イ輔やムラシタショウイチなど新たな書き手の発掘にも精力的だ。他に小説『掃除屋 プロレス始末伝』『葬儀屋 プロレス刺客伝』など。

おりじるし

働き方が大きく変わった人、収入が激減した人、仕事自体を失ってしまった人——個人差はあれど、コロナの影響をまったく受けなかった人間はいない。

そして、A子さんは自身が見舞われた影響を「わりと最悪の部類です」と説明する。

つまりは、失職したのである。

「食品系の会社に非正規で勤めていたんですが、コロナを理由に契約切られちゃって。どうにか二ヶ月で転職できたものの、お給料がグッと減っちゃったんですよね」

以前とおなじ暮らしぶりではたちまち行き詰まってしまうが、食費や光熱費などはすでに限界まで削っている。これ以上削れるとしたら固定費しかない。

そこで彼女は、新しい職場近くの手頃な賃貸物件を探したのだという。

「けれども、好条件の安い部屋ってなかなか見つからんですよね。いまどきトイレが共同だったり、天井の隅《すみ》が黒カビだらけだったり。朝から晩まで、足が棒になるまで探しまくって……たしか、四件目だったかな。ようやく〝ま、ここなら良いか〟って物件に行きあたったんです」

会社から徒歩十五分。間取りも日あたりも申し分なく、おまけに家賃も相場より安い。同伴した不動産屋も「これ以上の好条件はないです」と食い気味に勧めてきた。

この人もウザいし、いいかげん疲れたし。そろそろ決めちゃおうかな。

と、ぼんやり考えていたさなか、彼女は〈あるもの〉へ目を留める。

「……なに、これ」

がらんとしたワンルームの窓辺で、大きな布がばさばさと音を立てている。

カーテンが一張、吊るされっぱなしになっていたのである。

A子さんの視線に気づき、不動産屋が慌てて口を開いた。

「こちら、前にお住まいの方が置いていかれましてね。通常でしたら忘れ物は当方で処分するんですが、なんでもイギリス製の特注品だそうで、最上級の布地を使用したものらしいんです。ですからお客さまがお使いにならないか、ご確認いただいてから撤去しようと思いまして。要らないという場合は、もちろんすぐに処分いたします」

不動産屋の饒舌《じょうぜつ》は微塵《みじん》も信用できなかったが、たしかにカーテンは上等に見えた。

薄桃色の生地は厚手で、しっとりした手触りである。黒みがかった裏地に細かな模様が縫いこまれており、なるほど英国製という言葉にも頷けるものがあった。

じゃあ——使っちゃおうか。

「ということでカーテンは残してもらいました。引っ越し代を考えると、すこしでも節約しておきたかったんですよね」

こうして始まった新居での生活は、彼女いわく「予想以上に快適だった」らしい。通勤時間もさることながら、なにより友人のB美が近所に住んでいたため、部屋で飲めるのが大きなメリットだったという。

「高校からの親友で、お互い社会人になってからも、週に一度は居酒屋へ連れだって行く仲だったんです。でも、コロナ以降はそれも難しくなったでしょ。だから気兼ねなく会えるのは嬉しかったですよ」

とはいえ、B美の様子には若干の変化があった。

以前なら、A子さんが「明日も早いんでしょ」と帰宅を促しても腰を上げなかった呑兵衛《のんべえ》が一時間ほどで「じゃ、そろそろ行くわ」と早々に帰ってしまう。しまいには誘っても

「そのうちね」と、つれない返事をするようになった。

「最初は〝彼氏でもデキたのかな〟って気にしてなかったんですけど」

そうではなかった——と知るのは、引っ越しから二ヶ月後のことだった。


深夜、A子さんは寝苦しさで目を覚ました。

「……またか」

暗闇のなかで溜め息をつく。

この部屋に越してから、確実に眠りが浅くなっていた。「慣れない環境のせいだよ」と自身に言い聞かせるものの、それが単なる言いわけであるのも薄々勘づいていた。

気配が漂っているのだ。

自分以外の誰かが居るような重い空気。

窓の向こうから感じる冷たい視線。

それらが原因で覚醒してしまうのである。

「一度起きたら、もう無理。気になって朝まで眠れないんです。おかげで睡眠不足が慢性化しちゃって、そのせいか職場ではミスばかり。叱られっぱなしでした」

ただでさえ世間が鬱屈《うっくつ》としている時期である。その空気も手伝ってか、A子さんは次第に塞ぎがちになり、ついに睡眠はおろか食事すら満足に採れなくなった。

「病院で安定剤を処方されたものの、さしたる効果は見られませんでした。そこまで堕ちると人間って面白いもんでね、自分の意思と無関係にボロボロ涙が出るんです。ベッドに倒れこんだまま〝死んじゃお、死んじゃえば楽になるよ〟と勝手に呟くのを止められませんでした。ほんと、あのままなら危なかったですね」

B美が久々にやってきたのは、そんな希死念慮《きしねんりょ》まっただなかの日曜日だった。

「……やっぱりこうなったか。だから長居したくなかったのよ」

うつろな目の親友を見るなり、B美が深々と頷く。

「どういう……こと」

力なく問いかけるA子さんへ、彼女は普段よりひときわ大きな声で言った。

「この部屋、おかしいから」

まるで、A子さん以外の〈誰か〉に聞かせるような口調だった。

「山形に住んでいた母方のお祖母《ばあ》ちゃん、《オナカマサマ》だったの。イタコみたいなもんでね、いろいろ視たり聞いたりする力があったんだって。あたしにも、その血が受け継がれているらしくて……ちょっとだけわかるのよ」

発言の意味が理解できず固まるA子さんを横目に、B美は部屋のあちこちを視線で追い続けていたが、まもなく痺《しび》れを切らして再び口を開いた。

「ねえ、あんたが引っ越してきた時点でこの部屋に在ったモノ、どれ」

「そんなの……わかんないよ」

「がんばって思いだしてよ。お札《ふだ》でも布団でも小さい置き物でも、なんでも良いからさ。前の住人が置いていって、そのまま使っているモノ。なんかあるでしょ」

置いていったモノ——その言葉を聞くなり、A子さんの脳裏に〈それ〉が浮かんだ。

「……カーテン」

ぽつりとこぼした途端、B美は窓へ近づくなりカーテンを捲《まく》りあげた。

「なるほど……あまり隙間なく書かれているんで、黒っぽい模様だと思ったのか」

それだけ言ったきり、じっと裏地を睨《にら》んでいる。

なんなの、なんなの。不安に駆られ、A子さんは友人の視線を追った。

「あ」

《さちまるいんさち》

虫がのたくったような平仮名が、裏地にびっしり書きこまれている。

呆然とするA子さんを置き去りに、B美が独りごちた。

「象形を散らす古い咒《まじない》だと思う。漢字で書くと、幸《さち》、丸《まる》、員《いん》なのかな。裏地に刻んだってことは〝この部屋にいます〟って、外部の〈それ〉に知らせる目的だったんだろうけど」

「漢字を散らすってなにさ。知らせるってなにさ。幸とか丸とかなによ。それが集まるとどうなるの。ねえ、わかるように説明してよッ」

這いつくばったままで絶叫するA子さんを一瞥《いちべつ》すると、B美は空中に指を走らせ、「幸」「丸」「員」の文字を順番に書いてから――呟いた。

「贄《にえ》よ。この部屋は生贄を囲う〈檻《おり》〉で、この文字はその印なの」

「数日後、不動産屋さんを訪ねてあの部屋の詳細を訊きました。最初は個人情報を理由に教えてくれなかったんですが……こちらの剣幕に押されたのか、口外しないという条件で情報をいくつか教えてくれました」

前の住人は神社関係の施設に勤める男であったこと。住んでいたのはわずか半年であったこと、退去の際「ようやく見つかったので」と喜んでいたこと、男性の退去後、清掃に入った業者が「カーテンなんて見た記憶はない」と証言していること。

「でも、それ以上はわからないとの話で。だから、この話はここで終わりなんです」

A子さんは現在、新たに借りた部屋で静かに暮らしている。

カーテンはB美さんに預け、〈正しい方法〉で処分してもらったそうである。

◆　◆　◆

「……なるほど」

私の話を聞き終え、ミコシバさん（仮名）はパソコン画面の向こうで深く頷《うなず》いた。

彼は映画制作会社のスタッフである。もっとも、聞きなれない横文字ゆえにプロデューサー的な役割なのか、それともシナリオを統括する立場なのかよくわからない。

数週間前、私は彼が担当するホラー映画の原案を依頼されていた。四苦八苦のすえシノプシスと呼ばれる脚本用のあらすじを四本ほど提出したのだが、どうやら内容に注文があるらしく、オンライン上で打ち合わせをおこなっていたのである。

そんなわけで彼の求めに応じ、改めてA子さんの体験を詳しく語ったのだが——反応は微妙だった。

「なにか、問題があるんでしょうか」

沈黙に耐えきれず訊ねる私へ、ミコシバさんが愛想笑いを浮かべて答えた。

「まあ、大枠は良いと思うんですが……《さちまるいん》は伝わりにくいんですよね。今回の映画はアイドルが主役なんで、客層を考えるとシンプルにいきたいんですよ。だから、ちょっと修正させてもらっても大丈夫かなと思いまして」

「はあ……修正ですか」

「ええ、たとえば《忌》って文字がびっしり……なんてのはどうでしょう。けっこう怖くないですか。ビジュアルでも伝わりやすいと思うんですが」

「忌……うぅん、どうでしょうね」

こちらの不満げな口ぶりを察し、ミコシバさんが言葉を続けた。

「そう仰ると思ってご連絡させていただいたんです。納得いただけない部分もあると思うんですが、文章と映像は別なメディアなんで。どうかご理解ください」

「でも……これ以上手を加えるのは、あまり気が進まないんですよね」

私のひとことに、彼が表情を変えた。

「これ以上……って、どういうことですか」

「この話、実は一点だけ修正してるんです。いや、私もアイドル映画と聞いていたもので、あまりバッドエンドだと難しいだろうなと思って」

そこまで言って私は口籠《くちご》もった。ミコシバさんは腕を組んだままなにも言おうとしない。

「続けろ」という無言の合図と判断し、私は再び喋りはじめる。

「妙に安い部屋も前の住人が残したカーテンも、《さちまるいん》の文字が書かれていたのも本当です。ただ、話者が違うんですよ」

「話者って……つまり」

「実際に私が話を聞いたのはB美さんなんです。彼女、連絡が取れなくなった友人を心配して部屋へ駆けつけてみたところ、当の友人が床にぺたんと座ったまま、カーテンを首に巻きつけていたそうで……だから」

A子さん、助からなかったんです。

数秒ほど沈黙が流れてから、ようやくミコシバさんが呻《うめ》くように問うた。

「じゃあ……彼女は贄に」

次の瞬間、ばたたただだ――と、大きな布のはためくような音がスピーカーから聞こえ、直後にアプリがフリーズしてしまった。突然の音に驚いたのか、背後を見つめた姿勢のまま、ミコシバさんが固まっている。

静止した画面に映る、彼の部屋。窓は閉まっており、風が吹きこむようには思えない。

けれどもスピーカーからはあいかわらず、ばたたただだだと音が響いている。

なりそこね

「半年程度とはいえ、なかなか貴重な〈社会見学〉でしたよ」

D氏は、自身の警備員時代をそのように自嘲する。

念願のワインバーを開いたものの、コロナ禍により休業せざるを得なくなったのが二〇二〇年春。家賃の支払いもままならず、やむなく当座の収入を求めたすえ夜間警備のアルバイトに行きついたのだという。

「いろんな現場を見ましたよ。世間の批判を避けるために真っ暗なオフィスで社員が残業している大手企業とか、重役が愛人との密会に使っているマンションとか……。こういう状況で炙《あぶ》りだされる人間模様は、なかなか面白かったです」

でも——あそこだけは別格でしたけど。

ちいさく身震いしてから、彼は一連の出来事を語りはじめた。

　バイトをはじめて三ヶ月め、とある施設を担当することになったのだという。

「あまり具体的には言えません。宗教に関連した建物……とだけ説明しておきます。業務自体は楽でしたよ。配属された三名のうち二名が交代で夜勤にあたるんですが、詰め所で監視カメラの画を眺めているほかは、AルートとBルートの二手に分かれて巡回するだけでしたからね」

　同僚は、D氏と同年代らしきミハラさんという男性と、ベテラン警備員のヤベさん。どちらも人間関係で揉めずに済みそうな、おとなしい人物だった。

　とはいえ、不安がなかったわけではないのだ──と、D氏は当時を振りかえる。

「初出勤の日、いざ本部を出ようとしたら、先輩が〝あそこ、キツいんで覚悟してね〟と言うんです」

　なにがキツいのか──目で訊ねるD氏を見て、先輩が意味ありげに笑った。

「あの現場、いろいろ大変らしいから」

　発言の真意を理解したのは、数日後。日が変わろうかという時刻だった。

「詰め所で巡回の準備をしていたら、ぽぉおん、ぽぉおん、と電子音が響いて。裏手の通用口に据えられたインターホンのチャイムが鳴っていたんです」

職員さんが忘れ物でもしたのかな。

D氏が反射的に椅子から腰を浮かせた直後、

「相手にしなくていいですよ。ほら」

ミハラさんが雑誌に目を落としたまま、顎《あご》をしゃくって通用口のモニターを示す。

ざらついた画面には、誰も映っていない。インターホンのカメラは広角レンズで、死角からチャイムを押すことは不可能だった。

「なんで……無理でしょ」

自問するD氏に、ミハラさんはなにも答えなかった。結局、チャイムは、ぽぉおん、ぽぉおん、と一分ほど鳴り続けてから、ふいに止んだ。

「最悪の気分でした。だって……そのあと巡回だったんですよ」

恐ろしかったものの、だからといって「怖いので見まわりません」などと言えるはずもない。逡巡する脳裏に、閉めっぱなしのワインバーや従業員の顔がちらついた。

「……Aルートの巡回行ってきます。Bルートはミハラさんお願いしますッ」

D氏は壁掛けの懐中電灯をもぎ取ると、真っ暗な廊下へ一気に飛びだした。勢いのまま巡回を終わらせてしまえ——そんな腹積もりであったという。

恐怖心を吹き飛ばそうと、強めに靴を踏み鳴らし、リノリウムの床を早足で進む。安全確認の点呼を大声で叫ぶうち、次第に気持ちが落ちついてきた。

冷静に考えれば、さっきの出来事は機械の故障に違いない。妙なモノを目にしたというならともかく、音が聞こえただけなのだ。別に怖がる必要なんて——。

と、おのれへ言い聞かせていた、その矢先。

非常口を示す鈍い灯りのなかを、ちいさな影が走りぬけた。

着物姿に見えた。子供のようだった。もちろん、確認する勇気はなかった。

「まわれ右して、来たとき以上の早足で詰め所に戻ってきましたよ。Bルートの巡回中なのか、ミハラさんの姿は見あたりませんでした」

呼吸が落ちつくにつれ、安堵と不安が同時に襲ってくる。

ミハラさんが帰ってきたらどう弁解しようか。待てよ、黙っていればバレることはないんじゃないか——さまざまな思いを巡らせながら、D氏は同僚の帰還を待った。彼の姿を求め、ドアの小窓を見つめ続けた。

「もしもし」

突然、声が聞こえた。

ミハラさんではない。幼い女の子の声だった。

「もしもし、もぢもぢ」

答えに窮《きゅう》するあいだも声は続いている。やがて声の主は、詰め所のドアを拳《こぶし》で叩きはじめた。背が届かないのか、丸めた指先だけがちらちらと見えた。

「もぢもぢ、もぢもぢ、もしぼぢぼぢぼぢぼぢぼぢ」

問いかけ自体を楽しんでいるかのように、声と殴打はどんどん激しさを増していく。

その後どうしたのかＤ氏は記憶にない。ドアが揺れたところまでは憶えているが、気づいたときには詰め所のロッカーに閉じこもっていたのだという。

「……いや、本当にごめんね。本部から詳しく聞いてると思ったもんで」

震えるＤ氏を発見するや、ミハラさんはそう言って何度も詫びた。腰が抜けたままロッカーを出るなり「怖いものじゃないから」と優しく告げられた。

「いや、怖いでしょ。普通に怖いでしょ。なんですかあれ」

「座敷わらしだよ」

「は」

　呆けるD氏をパイプ椅子に座らせてから、ミハラさんが説明をはじめた。

「僕もこの施設へ配属された直後、幼い女の子を目撃してパニックになったんだよ。そのときにヤベさんが教えてくれたんだ。〝あれは、この施設ができる前に建っていた屋敷のヌシらしい。幸運を授ける存在だから、あまり怖がるもんじゃない〟ってね」

「……ヤベさんが」

「ああ、何年もここを警備する古参が言うんだ、間違いない。それに考えてみな、相手はたかだか幼女だよ。まだ子供なんだよ。怯える理由なんてないだろう」

　ミハラさんの主張はどこか詭弁《きべん》じみていて、心から納得できるものではなかった。それでも「まだ子供だよ」というひとことは、心にずしりと響いたそうだ。

　そうだよな。あの子、構ってほしかっただけなのかもな——。


「で、それから数日後に当のヤベさんとおなじシフトになったんです。なんとなくお礼を言わなくちゃいけない気がして、一連の出来事を伝えたんですが……」

　話を聞き終えるなり、ヤベさんは白髪まじりの頭を指で掻《か》いて「ああ、彼は本当に信じちゃったのか」と漏らした。

意味が理解できずに沈黙していると、しばらく経ってヤベさんが言葉を続けた。

「最初に見たときの〈あれ〉ね、女の子じゃなかったんだよ」

「え」

「まあ、そのときの同僚があんまり怖がるもんで、とっさに〝座敷わらしだ〟なんて出まかせを言ったんだよ。その言葉を〈あれ〉も真に受けたのかな。それから着物で出てくるようになってね。もしかして〝狐が化けた〟なんて昔話も、あんがい〈あれ〉の仕業かもしれないな。はは、狐も勝手に自分のせいにされて可哀想だ」

予想外の独白に愕然としつつ、D氏はなんとか声を絞りだして訊ねた。

「最初は……どんな格好だったんですか」

「あきらかに人間じゃなかったよ」

即答だった。

「髪はないし、手足もおかしいしね。ひとめ見て〝ああ、これと心が通じあうことはない〟と確信したよ。個人的には〈神様になりそこねたモノ〉のように見えたな」

いやだいやだ、思いだしたくもない——そう零《こぼ》したきり、ヤベさんは口を閉ざしてしまった。巡回のあいまにそれとなく水を向けてみたものの、適当にはぐらかされるばかりであったという。

「で、半信半疑のまま勤務を終えまして。日報を書いてから私服に着替え、駐車場へ向かったんですけど……」

車に乗りこみ、なにげなく施設へ視線を向ける。

「うわ」

思わず声が漏れた。

夜明けの空に浮かびあがった施設。その窓辺で、女児がこちらを見つめている。

乱暴に切ったおかっぱ髪。細部の造形がいびつな赤い着物。ぺたん、と窓ガラスに密着させている手は、指の長さが極端にちぐはぐだった。


と——そこまで話してから、ふいにD氏が「あ、正しくないかも」と私に告げた。

「正しくないって、なにがですか」

「見つめている……って表現ですよ。だってその子」

目鼻がなかったんですから。

絶句する私にお構いなしで、彼は説明を続けた。

「鶏肉そっくりな、ぶよぶよした白い顔でね。右頬のあたりにジッパーみたいな口があって、ぎちゃぎちゃ動いているんです。あれが〈化ける〉限界だったんですかね。もちろん、すぐにアクセルを踏んで逃げましたよ。いや、あの日がバイトの最終週で幸運でしたね。もう一度〈あれ〉と遭遇して、まともでいられる自信はありません」

施設は、現在もおなじ場所にある。
ミハラさんやヤベさんがいまも警備を担当しているかは知らないそうだ。

◆　◆　◆

《二月某日、スマホでの通話記録より抜粋》
もしもし、ミコシバです。
あれ……聞こえますか。ああ、大丈夫なら良いんですけど。ちょっとショッピングモールに来ているもので、もしかしたら電波が悪いのかもしれないですね。
実は先日、「おりじるし」の件を社内で相談したんですが、上司からも「カーテンの字は〈忌〉に変更したほうが良いんじゃない」と言われまして。なので、そんな形で撮影することになりそうです。ご期待に沿えずすいません。

いやいや、謝るのはこちらです。あの後も何度となくお電話いただいたでしょ。よほどご不満だったのかな……と、申しわけなく思っていたんです。

え、どういうことですか。はい……はい。

電話していない。あの日から一度もかけていない。

またまた、そういう演出はやめましょうって。今回の作品はドキュメンタリーじゃなく、劇映画なんですから。

本当……ですか。本当に、私へ電話していないんですか。

わかりました。いや、疑ってないと言えば嘘になりますが、この件はもういいです。

それとは別に訊きたいことがありまして、ご連絡さしあげたんです。

「なりそこね」って話ありましたよね。あの施設の場所、教えてもらえますか。いや、撮影で使うわけじゃないんですよ。ちょっと個人的に知りたいんですよ。私、送ってもらったシノプシスを読むうち、ある疑惑に気づいちゃったもので。

あ、私がなにを気づいたか、まだ聞かないでくださいね。だって、それを聞いたら黒木さんも、正解か不正解か言わざるを得ないでしょ。私も映像畑の人間ですからね、自分の目で見て、答えあわせをしたいんです。

だから「なりそこね」の施設を確認できたあとは、残りの二話も検証しようと……あれ、また音が変だな。私の声、聞こえてますか。笑ってないで答えてくださいよ。もしもし、もしもし、もぢもぢぼぢぼぢぼ（通話切れる）

ひきぎわ

「あんまり期待に沿える話じゃないよ」

こちらの反応を窺《うかが》うように、Cさんは上目遣いで私を睨んだ。

マスクを装着しているために表情は判然としない。元トラック運転手だと聞いていたが、眼光の鋭さには常人と思えぬ凄《すご》みがあった。

気圧《けお》されつつ「どんな話でも構いません」と答える私を一瞥し、彼が「ふうん」と無愛想に漏らす。もとより無骨な性格なのか、あるいは自身の体験を話すことに気が乗らないのか。こうして、やや気まずい空気のなか、取材がはじまった。


Cさんが最初に〈それ〉を見たのは、いまから十年ほど前。

「ちょうど震災の直後でさ、物流がけっこう忙しくて全国各地を飛びまわってたんだわ。

その夜も、新潟で荷物を積んでから下道を走ってたんだけど、ナビを頼りに進むうちに知らない山道へ入っちゃってね。参ったよ」

街路灯こそ等間隔に設置されているものの、広がる暗闇の前にはまるで心許ない。道をはずれぬよう、Cさんは前方を睨みながらハンドルを握っていた。

「それで……ちょうど峠を越えたころだったかなあ。さすがにちょっと眠くなって、助手席のシートに放っていたガムを取ろうとしたんだわ。そしたら突然」

ヘッドライトの光に、人が飛びこんできたのだという。

距離にして数メートル。慌ててブレーキを踏むと同時に、車体へ衝撃が走った。

轢《ひ》いちまった、もう終わりだ――。

路肩に車を停めて、深々と息を吐く。「助けに行かなければ」とわかってはいるが膝が笑って動けない。ようやく一分ほど経ってから、震える手でドアを開けた。

「……あれ」

道路には、誰の姿もなかった。

路面や傍らの草藪を確認してみたものの、人間どころか血痕ひとつ見あたらない。車も入念にチェックしたが、激突したような跡はみとめられなかった。

どういうことだ――呆然とするうち、Cさんは気づいた。

深夜の山道である。あたりに集落はおろか店の類《たぐい》さえないのだ。

そんな場所に、徒歩で来る人間などいるだろうか。

「ゾッとしたけど、だからってそのまま逃げるわけにもいかないだろ。で、いちおう一一〇番に連絡したんだが……やってきたお巡りも首を傾げていてね」

警察からは、人がいたような痕跡は発見できないこと、徘徊している高齢者などの可能性もあるので引き続き調べてみること、まんがいち被害者が見つかった場合には連絡することなどを告げられた。

「二、三ヶ月は気が気じゃなかった。逮捕される夢を何度も見たよ。それでも半年が過ぎるころにはなんとか落ちついて〝あれは、鹿《しか》かなにかを見間違えたんだろうな〟と思えるようになったんだわ。まあ、その矢先に」

二度目があったんだけどな。

半年ほどが過ぎた、春先のこと。

「その日はたしか、東海のほうで荷下ろしをしたんだよ。それで、いつもどおり夜の道を帰っていたんだが……四車線の国道を走っていたら、いきなり」

人が目の前にあらわれたのである。

ブレーキ、衝撃、乗りあげる感触。今回は、歩行者の驚く顔も明瞭《はっき》りと見えた。垢抜《あかぬ》けない風貌の男性だった。こちらを見て、うっすらと笑みを浮かべていた。

本当にやっちまった──。

観念して車外へ出たCさんは、またもや唖然とさせられる。

やはり、いない。

有り得なかった。山道ではなく市街地の国道なのだ。隠れる場所などないのだ。

「アタマのおかしい奴だと思われそうで、警察は呼ばなかったわ。それ以来、一度も一一〇番はしたことがないよ」

それ以来──つまり、その後も彼は何度となく〈いない人間〉を轢いている。

パターンは毎回一緒である。時刻は決まって真夜中だが、場所はてんでばらばら。車の前に飛びだしてくるのはおなじ男性で着ている服も髪型も変わらない。唯一、笑顔だけがいつもわずかに違うのだという。

「唇だけで微笑《ほほえ》んでいたり顔いっぱいを歪めていたり。歯を剥きだして笑っていることもあったな。あの不気味な表情は、何度見ても慣れなかったよ」

いったい、なにが起きているのだろう――Cさんは大いに悩み、心あたりを探った。

原因は自分なのか、それとも車なのか。住んでいるアパートに問題があるのか、母親が傾倒している妙な宗教の所為《せい》か。考えてはみたものの、当然答えなど出ない。

そして――そのうち彼は「腹が立ってきた」のだそうだ。

「なにか訴えたいなら、きちんと姿を見せりゃいいだろ。それを、うろちょろ危ない真似ばっかりしやがって。そっちがその気なら俺も遠慮しねえぞ……そう思ったのさ」

結果、彼は〈人影を轢く〉ことに決めた。

あの男が眼前にあらわれるなり、躊躇《ちゅうちょ》せずアクセルを踏む。もちろん車は加速し、すさまじい勢いで男に激突する。けれど、あとには誰の姿もない。

「最初はおっかなびっくりだったけど、そのうちなんだか楽しくなってきてね。ほら、レーシングゲームでわざとぶつけたりするだろ。あの感覚に近かったな」

現在に至るまで、彼は〈六人のおなじ男〉を撥《は》ね、轢いている。

殺人なんかじゃない。だって、あんな男は存在しないのだから。

「どうかしてると思うかもしれないけどさ、本気でそう考えていたんだよ」

　あの日までは。

　その日は、久しぶりの休みであったという。

「羽根を伸ばそうと、郊外のショッピングモールへ買い物に出かけたんだ。それで、ワゴンセールの衣服を品定めしていたら……よく知る人間とすれちがってな。相手はスマホで誰かと話していたから、驚く俺に気づかなかったがね。いや、本当に心臓が止まるかと思ったよ」

　そこにいたのは、まごうことなき〈いつも轢く男〉だった。

　顔も髪型も服装も、いつも目にする姿とまったく一緒だった。

　途端、これまで幻のように感じていた存在が、にわかに生々しさを帯びはじめる。自分が殺していたのは生身の男だったのか。この男は俺に何度も殺されていたのか。いや、まだ生きているんだから殺してはいない。でも、じゃあ俺が轢いたのは――。

　混乱しつつモールの通路をふらふら歩くうち、Cさんはある仮説に辿りついた。

　もしや――あれは予知だったのではないのか。

　いずれ自分は本当にあの男を轢く。そう告げられているのではないか。

「そう考えたらもう駄目だったな。二度とハンドルを握る気にはなれなかった。で、すぐ運転手を辞めて介護に転職したんだ。いまはバスで通勤しているよ。おかげで、俺が人を轢き殺す可能性はなくなったんだけど……」

そこで彼は口をつぐみ、動揺を隠すようにマスクの位置をなおしはじめた。

次の言葉をじっと待つ。

まもなくCさんは深々と息を吸って、再び口を開いた。

「単なる勘だけど、あの男はもう死んでいると思うんだよ。俺に轢き殺されなくても死ぬ運命で、もうこの世にはいない……そんな確信があるんだ」

なにをしたんだろうな、あの男。

そのひとことを最後に、取材はおしまいとなった。

◆　◆　◆

《以下は三月某日、私宛てに届いたメールの抜粋である。おおむねは原文どおりだが、読みやすさを考慮して数ヶ所に改行を施した。なお、個人情報は変更しているものの、文字

化け部分はそのままであることを先に述べておきたい》

黒木様
平素よりお世話になっております。

[redacted]（製作会社名。名は伏す）のアンドウ（仮名）と申します。

実は黒木様を担当しておりましたミコシバが、このたび諸般の事情により退社することと相成りました。つきましては以降の打ち合わせを私が務めさせていただきたく存じます。何卒よろしくお願い申し上げます。

正直に申し上げますと、弊社では現在ミコシバの所在を確認できていません。

「見テくる」と同僚へＬＩＮＥを送ったのを最後に、連絡が取れなくなっているのです。自宅を訪ねた社員によると、テーブルには食事が手つかずのまま置かれていたそうです（料理は三人分あったとの話でした。ミコシバは独身なのですが……）。

そこで、まことに不《ぶ》躾《しつけ》なお願いなのですが、まんがいちミコシバから連絡があった場合は、私までお知らせいただけますでしょうか。

もうひとつ、お願いがございます。

黒木様よりお預かりしたシノプシス四本のうち「おりじるし」「なりそこね」「ひきぎわ」三本は確認できたのですが、残る一本が文書ファイルを開こうとしてもエラーになってしまい、読めない状態となっており縺〆繧九→。実はミコシバのノートパソコンも【ファイルが壊れて開けません】という警告が画面に出たまま放置されていました。この文書ファイルは、彼の失踪と関係あ縺輔■縺さ繧九＞繧のでしょうか。

大変恐縮なのですが、黒木さまの見解をお知らせいただくと同時に、文章を縺〆縺溘→再送いただけますで縺ゅ◎縺〆繧か。

それでは、どうか縺:?@繧阪〒縺ろしくお願い申し上げま雍。

うつるはず

《取材日時：五月初旬／話者：F氏（二十代男性）》

あ、もう取材がはじまってる感じですか。喋ってもオッケーですか。

じゃ、よろしくお願いします。

自分、ついこないだまで映像制作会社で編集マンだったんです。いや、会社の名前聞いても知らないと思いますよ。ガチの零細《れいさい》企業なんで。ケーブルテレビの番組とかローカルアイドルの配信とか、まあいろいろやっていましたね。

でも、やっぱりテッパンは心霊モノでね。そうそう、〈本当にあった〉系のアレです。DVDは現状キビしいんですが、最近はサブスクの配信が儲かるんで。配信するには、とにかくコンテンツの数を増やすのが大事なんです。

だから、まあ量産しなくちゃいけないわけで。つまり、あの。

ええと……この先を話す前に確認しておきたいんですけど。映像業界にも詳しいとお聞きしたんですが、内情を話しても大丈夫なんですよね。怒りませんよね。

あ、そうですか。だったら正直に言います。ええ、ウチは九割がフェイクですよ。そのあたりで撮ってきた映像に影とか人の顔を合成するんです。

素材はたいていフリー画像から選ぶんですが、けっこう他所《よそ》と被りがちなんです。なので「なるべくオリジナルを使おう」という話になった結果、いくつかの映像には私自身の顔が使われています。見るたび「オレ、霊になったわ」って笑いますよ。

まあ、そんなわけで半分バカにしつつ編集をしていたんですが……ちょっとガチの問題が起きちゃって、ええ。


たしか、去年の秋口だったと思うんですけど。その日は、翌月に配信する心霊系の映像〈禁足地の撮影中に映りこんだ、奇妙な童女〉って作品を編集していたんです。

あ、もちろん嘘の設定ですよ。社員がソロキャンプのときに偶然見つけた、寺だか神社だかの画《え》を加工するつもりでした。ディレクターからは「木の影に半透明の人を二秒くらい」って、アバウトすぎる指示をもらっていましたけど。

ところが……編集中に自分、気づいちゃって。

映っているんですよ。画面の端に、本物が。

綿アメを薄く伸ばしたような白っぽい影が、ぢゃかぢゃかとコマ撮りっぽい感じで忙《せわ》しなく動いているんです。

それ、マザー（筆者注：編集前の映像素材）なんですよ。加工前なんですよ。有り得ないじゃないですか。すぐにディレクターへ鬼電《おにでん》を入れて「なんか、ガチで撮れちゃったっぽいんですけど」と連絡したら、翌日にスタッフ全員が集まって問題の映像を見てみようという話になったんです。

「うわ、これマジだ。すげえな」

「身体の輪郭とか見ると、男の人っぽいけど」

「ここ、本当にヤバいスポットなのかもね」

そんな感じで、特に誰も怖がりませんでした。まあ、言っても単なる白い影ですしね、普段からこの手の映像ばっか制作しているもんで妙に慣れていたんでしょうね。

それで、協議の結果「なにも言わず使っちゃおう」という結論に至りました。

だって「今回は本物です！」なんて告知したら、いままでの心霊映像が捏造《ねつぞう》だってバレちゃいますから。いや、視聴者もわかったうえで楽しんでいるんでしょうけど、そこは言わぬが花じゃないですか。

社長は「拡散すればバズるのになあ」と悔しそうでしたが、自分は「作業がひとつ減ってラッキーだ」くらいにしか考えていなかったんです。

そんな感じで、この騒動はおしまいに……なるはずだったんですが。

「おい、ヤバいぞ」

翌週、カメラマンが自分のところにUSBを持ってきましてね。入っていたのは、半年くらい前に制作した心霊系の映像データでした。

「予告映像を作るために過去のマザーを漁《あさ》っていたら、見つけたんだよ」

彼の説明を聞きつつ、パソコンへデータを取りこんで……再生するなり驚きました。いるんですよ。あの白い影が。

車が行き交う夜の国道で、ヘッドライトのなかに浮かんでいるんです。ぶつかる直前にフッと消えて、しばらくすると再びあらわれるんです。

いやいや、見のがすなんて有り得ませんって。編集のときに、うんざりするくらい確認しているんですから。

「これ……こないだのアレだろ。どうしてここに映ってるんだよ」

カメラマンに詰問されましたけど、当然答えられるはずもなくて。「なんだか大変なことになったね」なんて、ふたりで震えていました。

もっとも……本当に大変だったのは、そのあとだったんですけど。

ええ、さらに問題が起きたんです。

その日以来、さまざまな映像に〈それ〉が映りこむようになったんですよ。心霊と無関係な、車のCM素材やBSの番組にも映っているんですよ。

おまけに、だんだん影が明瞭りしてきまして。

半透明だった顔や輪郭が、ちゃんと表情までわかるようになってきたんです。

男でした。

年齢は三十代から四十代くらい。どこにでもいそうな面立ちでしたが、嬉しそうに笑う顔がなんとも不気味で。

どんな顔……ですか。

どう説明すれば良いんでしょうね。例えるなら、宝物を見つけて喜んでいるような、美味しい食事にありつく直前のような、そんな雰囲気の表情なんです。

そんな気味の悪い男がいきなり画面に登場するんですから、現場は大混乱ですよ。バイトの学生は怖がって辞めちゃうし、納品したデータに残っていたら大変なので、神経を尖らせて編集しなくちゃいけないしで。本当、あの三ヶ月はキツかったです。

はい。はい。そうなんです。

その男、三ヶ月ほど経っていきなり姿を見せなくなったんですよ。最後の写真では、笑った口もとの皺《しわ》までくっきり見えていたんですが、ある日突然消えたみたいに。

出なくなった理由……正直に言えば、わかりません。だって、調べようにも会社がなくなってしまったんで。ええ、影を発見してから三ヶ月後に潰れたんです。

社長が急死しちゃって、零細なもんでそのまま解散しちゃったんですよね。

あ、コロナじゃありませんよ。不審死です。スタッフがソロキャンプで撮影した、あの変な宗教施設の近くで遺体が見つかったんです。

ご遺族からは心臓発作だと聞きましたが……まあ、真実はわかりませんよね。

そうそう、さっき「最後の写真は笑い皺まで見えた」って言ったでしょ。

その画像、社長が死ぬ直前に全社員へ送ってきたメールに添付されていたんです。

これ、どういうことなんですかね。

いやあ、いきなり会社を畳むことになったんで苦労しましたよ。すこしでも給料の足しにしようと、値段がつくものは機材から映像素材まで全部売りましたからね。

で、その過程で[redacted]さんとコンタクトを取ったんです。ちょうどホラー映画を制作しているというんで、「ウチの映像がお役に立つかもしれません」と、駄目もとで営業をかけたんですよ。もちろん、例の映像もリストアップして。

そしたら、担当の方がすぐに連絡をくださったんですけど。

「あの映像、いつ撮ったんですか。どこで撮ったんですか」

あまりにも尋常じゃない口調だったもので、こっちも戸《と》惑《まど》いつつお会いしたら……知ってるというんです。あの〈影の男〉を。

ええと、担当の女性はなんてお名前でしたっけ。そうだそうだ、アンドウさんだ。アンドウさんが、「あそこに映っているのは弊社のミコシバです」と言いましてね。

聞けばその人、行方不明だというじゃないですか。

さすがにこっちも驚いたら、アンドウさんが「あの人なら、なにかわかるかも」と、黒木さんをご紹介くださったんです。それで、今日。

いや、専門家に相談できたのでなんとなく不安が薄れました。ほら、病院に行くと待合室で熱が下がっちゃう人、いるでしょ。自分、あのタイプで……。

◆　◆　◆

肩の荷が下りたのか、饒舌になる男性をモニター越しに見ながら——私は悩んでいた。

矛盾していたからだ。

男性の証言によれば、はじめて〈白い影〉を映像にみとめたのは昨年秋だという。それから三ヶ月後に社長が急逝し、会社は解散を余儀なくされたとの話だった。

しかし——ミコシバさんが失踪したのは三月である。

影が出現した時期には、まだ私と邂逅《かいごう》していないのである。

だとすれば、これはなんなのか。どう解釈すれば良いのか。

影はある種の予知だったのか。それともミコシバさんが行方をくらませる原因となった

〈それ〉は、時系列などお構いなしなのか。

疑問はさらに膨《ふく》らんでいく。

もしや、彼へ提供した四本のなかに〈触れてはいけない〉話があったのだろうか。

なぜ四本目の話だけは、いまだ誰も読めないでいるのか。

もしも〈あれ〉を公表してしまったら、いったいなにが起きるのか。

とんでもないことをしたのかもしれない——寒気をおぼえて身をこわばらせる私の前で、
なおも男性は嬉しそうに喋り続けている。

宝物でも見つけたかのように、笑顔を浮かべている。

最東対地
Taichi Saito

最東対地（さいとう・たいち）
1980年5月9日生まれ。大阪府在住。2013年より執筆活動を開始し、同年にホラーブログ『最東対地の嗤う壷』を開設する。2016年、第23回日本ホラー小説大賞・読者賞を受賞した『夜葬』がヒット作となる。その後、異形が迫りくるスリラー系作品を数多く上梓。他著に『怨霊診断』、『異世怪症候群』、『カイタン 怪談師りん』がある。近年は怪談イベントで自ら怪談語りなどもする。

ガス人間

マミ（仮名）さんはかつてインスタ女子だった。行く先々で自撮りして投稿するのを習慣にしていた。

インフルエンサーと呼ぶにはいささか頼りない人数のフォロワーだったが、もともと目立ちたいタイプというほどでもなく、現状に満足していたという。

筆者が会ったときも、まさに今どきの女の子という印象だった。職業は不詳、年齢は二十代前半から半ば……といったところだろうか。

「楽しくやってたんですけど、あるとき変な名前のアカウントからＤＭが来て……」

そう語りはじめたマミさんの話とはこうだ。

そのアカウントは『ガス人間』という名前だった。

怪訝《けげん》に思いながらDMの内容を読むと、

『〇月〇日の記事ですが、一緒にいたのは私ですよね？』

なんのことかわからずマミさんはその日の投稿記事を確認した。カレーとナンのランチを写したなんでもない投稿だった。顔より大きなナンに感動して顔と比較するようにして自撮りしたものと数枚の写真。

この日のことは覚えているがひとりでいたことは間違いない。

『残念ながら違いますよ』

ナンパの手口だと思い、ひと言だけ返した。それっきりガス人間からの返事はなかった。

だが別の日、ガス人間からまたDMが来たという。

『△月△日、隣にいるのは私ですよね？』

またか、と思った。

なかば呆れながらその日の記事を見るが、やはりなんでもない自撮り。海をバックに風にたなびく髪を押さえている。

これ以上かかわってもろくなことにならない。そう思ったマミさんはガス人間をブロックした。

それからすこしして、またDMが届いた。今度は訳のわからない英数字の羅列が名前の、いわゆる捨て垢《アカ》と思《おぼ》しきアカウントからだった。

DMにはメッセージはなく、画像が一枚だけ添付されていた。

そこに写っていたのは、くしゃくしゃに丸めて伸ばし直した婚姻届。妻の氏名にはマミさんの名前、夫には知らない男の名前が書かれていた。

さすがに気味が悪くなったマミさんはインスタをやめ、ブログに移った。

だがブログにも奇妙なレスがつくようになる。

『一緒に写っているのは彼氏さんですか』

『インスタのときは隠してたんですね』

ガス人間かと思ったが違った。IPもバラバラで疑いようもない。

ホッとしたのも束の間、すぐに新たな疑問が湧き上がってきた。

――一緒に写っているのって……？

今回はガス人間とは違う。複数の読者からの指摘だった。

厭な予感を抱きながら指摘されたいくつかの記事を確認する。

しかし、やはりどの記事の写真にもマミさんしか写っていない。いよいよ不安になり、友人に写真を見てもらうことにした。

ＬＩＮＥに画像を貼り、友人の意見を待っていると思わぬ返事がくる。

『画像が壊れていて見れない』

そんなはずはない。現にマミさんのスマホからは問題なく画像が見られる。

それを伝えるとすぐさま友人からスクリーンショットが返ってきた。友人のＬＩＮＥ画面に貼られた画像は確かにドットの粗《あら》いモザイクのようになっており、なにが写っているのか判別すら難しい。

どうして画像が送れないのかわからず、スマホ内のギャラリーで確認しようとすると突然カメラが起動した。

驚いてホーム画面に戻そうとするマミさんだったが、目に飛び込んできた異様な光景に釘付けになった。

レンズを通して映し出されるなにげない部屋の風景。

なんにもないところに次々と四角い枠が現れたのだ。それは人間の顔を自動で検出する、顔認証の機能だった。

恐ろしさのあまりスマホを壁に投げつけ、マミさんはベッドの布団にくるまった。

後日ブログも閉鎖し、日課だったSNSの投稿や自撮りも怖くてやめてしまったという。

結局、ガス人間なる人物が誰だったのか、自分以外の人間に見えていた者のことも、なにもわからないままスマホも替えた。

話はそれで終わりだと締めくくりながらマミさんは最後にこんなことを言っていた。

「そのことがあってから、飲食店とかに行くと必ずひとつ多く水を持ってこられたりするんですよね。ひとりで来たのにふたつお水持ってくるのとか、絶対おかしいですよ。そういうとき、必ずなんだかガスっぽい臭いがするんです。気のせいだといいんですけど」

そう言ってマミさんはひとつ余分に置かれたグラスを見つめた。

スマートスピーカー

怪談の取材をしている、と飲みの席で軽く友人に話したことがある。

そんなことも忘れた頃に、件《くだん》の友人から「息子の友達の話を聞いてくれ」と電話があった。

息子の友人はユウジ（仮名）といった。大学二年で、今は帰省してこちらにいるらしい。

春前にはまたひとり暮らしをしているマンションに戻ると言っていた。

「でも正直帰りたくなくて」

彼が帰りたくない理由がまさに筆者に聞いて欲しい、という案件らしい。

ユウジのひとり暮らしは、貧乏学生とは無縁の贅沢なものだ。

なにせ新築のワンルームマンション。学生が住むには過ぎた物件だ。

家賃と生活費は両親が面倒を見ていて、アルバイトの金は好きなことに使えた。だからユウジの部屋には最新のものが数多く揃えてある。

これならすぐに仲間たちのたまり場になりそうなものだが、そうもいかない理由がある。

「人見知りで、いまだに友達もできなくて」

そう言ってうつむくユウジは筆者と目を合わすこともほとんどなかった。なるほど、親が過保護にする理由もわかる、と思った。

ともかく、前の住民もいない真っ新《さら》な部屋はとても住み心地がよかった。

『よく聞こえませんでした。もう一度お願いします』

ひとりきりの部屋で突然、人の声が響いた。

スマホをいじっていたユウジはその声に驚いて凍りつく。

だが声の正体に気づき、溜め息を吐いた。

なんだよ～、と毒づきながらベッドの枕に顔を埋めた。

人の声は音声だった。そして音声は本棚に置いたスマートスピーカーから発せられたものだ。

この部屋に住みはじめてすぐに買ったスマートスピーカー。

インターネットに接続さえしていれば、声をかけるだけで天気もニュースも教えてくれる。音楽も聴けるし、家電の操作もできる優れモノだ。

友達のいないユウジにとって、貴重な話し相手のようなものだった。

「ときどき、テレビの音とかに反応して喋ることがあるんです」

スマートスピーカーについてユウジはそう話したが、それだけでは説明がつかないこともあった。

ガサガサッ

「コンビニとかでもらうレジ袋あるじゃないですか、あれに物を詰めているような音だったんです」

決まって夜、寝ようとしたときにそれは聞こえた。だがユウジはその音を聞いてむしろ安心したという。

彼の住むマンションは新しすぎるからか、空き部屋があった。住みはじめてからこれまでずっと、ユウジの部屋の両隣は空き部屋だったのだ。

ようやく隣に新しい住民が入居したのか。

このときはそう思った。

ガサガサという音は決まってユウジがベッドで眠ろうとしたときに聞こえる。タイミングを合わせたように電気を消してすこしして必ずそれは聞こえた。

最初の頃はそれほど気にならなかったが、毎日となるとそういうわけにはいかなかった。

しかもレジ袋の音は日に日に長く、騒がしくなっていった。

やがてユウジはレジ袋の音が鳴るたび目が冴えてしまうようになる。そうなると当然、寝不足気味になり、授業に身が入らなくなる。

隣の住民に文句を言ってやろうかとも考えたが、人見知りのユウジには無理な話だった。

「おかしなことはそれだけじゃなかったんです」

レジ袋の音以外にも奇妙なことがあった。

あるとき、地元の友人から『SNSが乗っ取られているぞ』と知らされた。

作ったものの、放置したままになっていたSNSのアカウントがある。

しばらく触ってもいないし、知らされるまでアカウントの存在すらも忘れていた。

そんなばかなと半信半疑で確認してみると、確かに身に覚えのないURLが貼られた……それ以外はなんの発言もない発信がいくつもあった。

リンク先はニュースサイト。過去にアップされた事件記事だった。女子高生が殺された事件で、気味が悪くて記事の内容はちゃんと読まずに閉じた。

どの発信もニュースサイトこそバラバラだが、すべてその事件記事に接続するURLが貼り付けてあった。

ユウジはすぐにアカウントを削除した。

「なんだかDMも数人に直接送りつけていたみたいで、あちこち謝りました。さすがにどっと疲れましたね」

そんなユウジの疲れを癒《いや》したのはスマホゲームだった。

位置情報ゲームアプリで、歩いた距離や訪れた土地によってキャラクターを成長させたり、レアなアイテムを獲得したりする。

同じ場所を訪れたユーザー同士でギフトを贈りあったり、またはバトルしたりするのも醍醐味《だいごみ》だとユウジは語った。

夜のレジ袋の音は相変わらずで、寝られないときはアプリを起動してギフトを見たり、今日の歩数を確認するのが日課になった。

「そのゲームなんですけど、訪れたところにそれぞれチェックポイントがあって、そこで得たアイテムを足跡のあるユーザーに贈ったりできるんです。例えば、神社とか観光名所とか、ランドマーク的な場所はチェックポイントになっていて」

決まって毎日、同じユーザーからギフトが届いていた。アイテム自体は大したことのないものだったが、毎回同じ場所から送られてくる。

だが不可解なことに、その場所の名前は文字化けしたような支離滅裂な羅列で判読不可能であり、画像もまた普通のアパートだった。

どうしてそんなアパートがチェックポイントになっているのかわからなかったが、ユウジは特に考えずに毎日アイテムを受け取っていた。

誰かもわからない相手から毎日ギフトが届くのは気持ち悪くないのか、と訊ねるとこのゲームはそういうものだと教えてくれた。

そんなユウジだったが今はスマホを持っていないという。

「壊れたんです。ゴーストタッチというんですけど、勝手に画面の中がめちゃくちゃに動いたり、全然反応しなくなったり、音が出なかったり、挙句には突然電源が落ちちゃったりして」

新しい機種には変えなかった。

理由を訊くとスマホはしばらくいいから、としか答えなかった。

ユウジにはルーティーンがある。朝食を用意しながらスマートスピーカーに今日の天気とニュースを聞くことだ。

たまに誤作動することもあったが、それ以外に目立った不調はない。むしろ朝の天気とニュースは欠かせないものとなっていた。

ある日のニュースにユウジは違和感を覚えたという。

「聞き覚えがあるっていうか……。なんだか知っている事件を読み上げたんです」

気のせいかと思ったが、ユウジはすぐに思い出した。

前に自分のアカウントが発信していた事件記事。厭な気持ちになるのでさわりしか読んでいなかったが、それでもわかるくらいスマートスピーカーは、はっきりと事件を読んでいる。

なぜスマートスピーカーがあの事件を？

デジャヴかと思い、確かめようとしたがアカウントは削除済みでURLがわからない。

うろ覚えのワードをパソコンにうちこみ、検索をかけてみたがヒットしなかった。

やはり気のせいだったのかと思っていたが、数日後ふたたびスマートスピーカーは同じ事件を読み上げた。

続報ではなく、一言一句まったく同じ内容だった。

これにはさすがに恐ろしくなった。常識的に考えて、常に最新のニュースを読み上げるはずのスマートスピーカーが、数日後にまったく同じ事件を読み上げるなどあり得ない。すぐにテレビをつけて、ニュースでその事件を扱っていないかを確かめるがそれらしいものはなかった。

ますます顔を青くして、スマートスピーカーが読み上げた記事を頼りにふたたび検索をかけた。

今度はより具体的なキーワードを聞き取れたため、ようやく事件がヒットした。

その記事を読んでユウジは絶句する。

「十二年前に女子高生が男に部屋に連れ込まれて殺されているんです。首を絞められて死んだみたいなんですけど、発見されたとき頭にすっぽりレジ袋をかぶせてあったらしくって。当時の写真も載ってたんですけど、写っていたアパートがギフトを贈ってくるあのチェックポイントのアパートなんですよね。それで住所みたら……」

彼が住むマンションと同じだったらしい。

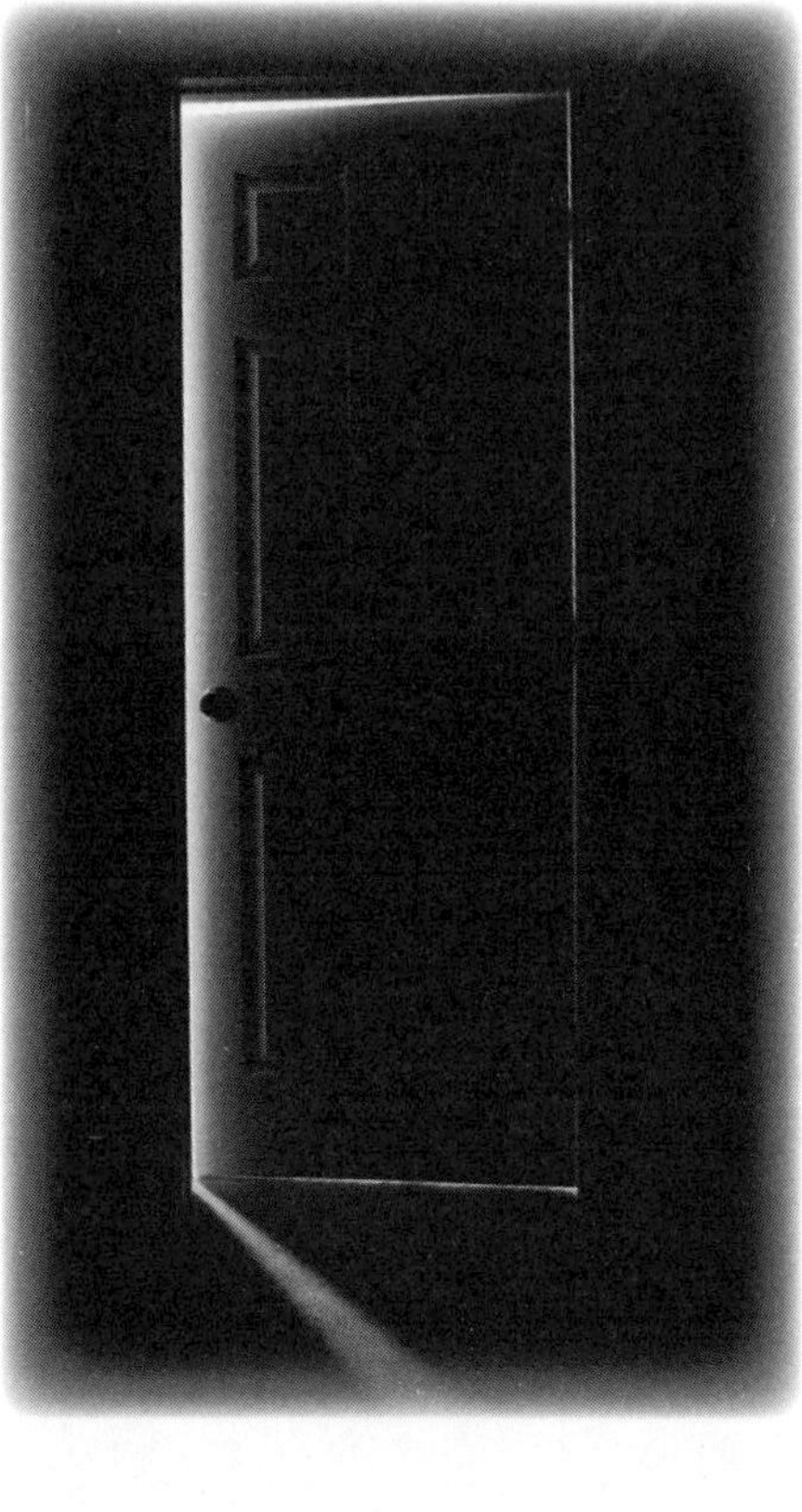

つまり、今住んでいるマンションが建つ前にこの土地で殺されたのだ。

「もしかすると同じ部屋番号だったのかもしれない、って思うとてもあの部屋にはいられないですよ」

ちなみにレジ袋の音がする隣の部屋はずっと空室だ。

今は引っ越したいという意思を、両親にどう切り出すか考えているところだという。

新田さん

怪談ぽくないけどいいですか、と言って話してくれたのはヤタベさん（仮名）だ。知り合いの話で実体験ではないというから迷ったが、興味深い話だったのでここに書くことにした。

もうずいぶん前の話とのこと。

古いアパートに住む学生がいた。頼りない鍵がついたすりガラスの引き戸で二階建て。トイレは辛うじて水洗だが和式だった。畳はささくれだらけで、立ち上がっただけで床は軋《きし》み、薄い壁ごしに隣人の生活音もだだ洩れ。夏は溶けるように暑く、冬は凍るほど寒い。まさにギャグマンガにでも出てきそうなオンボロアパートだった。

住民はほとんど姿を見たことがない独居老人、なんの仕事をしているのかわからない無口な中年、訳アリそうな若いカップル、ミュージシャンらしき男、それと〝新田《にった》さん〟というおばさんだった。

四畳一間の部屋はひとり暮らし以外に向かない。若いカップルは無理矢理ふたりで住んでいる印象だった。

生活が苦しい人間が集まっているアパートで、学生は一階に住んでいた。

「こんにちは～。二階の新田です～」

他の住民とはほぼ交流がなく、せいぜい顔を合わせれば会釈をする程度だったが二階に住む新田さんだけは別だった。

人当たりのいい、ふっくらした体型のどこにでもいるおばさん。言っては失礼だが、貧乏アパートに新田さんはよく合う。だが高級マンションに住んでいると言われてもうなずいてしまいそうな雰囲気も持っていた。

辛気臭《しんきくさ》さはなく清潔感がある。だけど、庶民的な風貌というか、どこにでもいると言えばどこにでもいるおばさんだ。

「ごはん食べた？　よかったらこれ食べてね」

「ありがとうございます……」

新田さんは見た目通り親切なおばさんだった。

多く作りすぎたからといってよくタッパーに料理をいれて持ってきてくれた。交流のないアパートの中で新田さんだけ学生に優しく接してくれた。

当の学生はというと、親切にしてもらえるのはありがたいが他人が作った料理を食べるのには抵抗があった。

潔癖症、というわけではない。新田さんには悪いと思ったが、このアパートの住民の料理だと思うと食欲が湧かなかった。

実際、学生がこのアパートに住んでいるのだって金銭面というより大学に近くて便利だからだ。食費の面では逼迫《ひっぱく》していない。

それが余計に箸を遠ざけた。

結局、学生は新田さんから料理をもらうたび、申し訳ないと思いながら中身だけ捨ててタッパーを洗った。

「こんにちは～。二階の新田です～」

新田さんは必ず学生がタッパーを返しに行く前にやってきた。

「あらあ、いいのよわざわざ返しに来なくて。私からこうやって取りにくるから。料理と交換ね」

そう言われると断りづらい。ご近所さんだし、親切にしてくれているぶん厚意を無下にはできないと思った。

そうやってずるずると食べもしない料理をもらっては捨てるという、罪悪感が募る日々が続いた。

あるとき、大学の友達と話していると、なにげない話題から新田さんの話になった。

「ええっ、もったいねえ！」

新田さんからもらった料理を捨ててタッパーだけ返していると聞いて、「それなら俺が食う」と言い出したのだ。

彼も学生と同じく大学に通うため一人暮らしをしていた。

彼の家とはそれほど離れてはいないので取りにくるのは容易《たやす》いが、友達からすれば見たこともない他人が作った料理だ。抵抗がないのか訊ねると笑い飛ばされた。

「毎日スーパーの弁当とカップラーメンばっかりなんだぜ。誰が作ったとしても手料理が食えるなんて最高じゃん」

つまり家庭の味に飢《う》えているらしい。

この頃、新田さんが料理を持ってくるのは週に二回、多いときは三回もあった。

食べ物を捨てる罪悪感が薄れると思い、学生はよかれと思い友達に新田さんの料理を譲ることにした。

それに正直、新田さんの料理は好みではない。仮に新田さんの料理に口をつけるのに抵抗がなかったとしても、あまりうれしくなかった。

肉じゃがや里芋と鶏肉煮、大根と鶏肉煮など煮物が特に多い。若い学生にとって、煮物はそれほど食指が動く料理ではなかったのだ。

「作りすぎちゃって。よかったら食べて」

そう言ってニコニコとタッパーを渡す新田さんを見ると、本音を話す気にはなれなかった。

しかし、その罪悪感ともおさらばだ。今は自分の代わりに食べてくれる人間がいる。

「すげえ美味《うま》いよ。ちょっと味がくどいところあるけど、それでも店屋物《てんやもの》に比べたら全然いいし」

友達は喜んでいた。

次第に学生は友達に渡すのがうれしくなっていった。

そんなあるときのこと。

いつものようにタッパーを持ってやってきた新田さんはそれを学生に手渡したあと、妙な間を持て余していた。

なにか言いたいことがあるのだと思い、「どうしたんですか？」と訊ねた。

「この間の料理、味どうだった？」

味の感想を求められたのははじめてだった。

「え？　あ、あの……美味しかったですよ」

「どういうところが？」

「それはええっと」

思わずしどろもどろになってしまう。

一度も食べたことがない、なんて言えない。それどころか今は他人が食べている。

「ちょ、ちょっとだけ味が濃いかなって……でも、その方がご飯が進むんで」

目が泳いでいないか心配だった。

新田さんはじっとこちらを見ている。

「そう。よかった、はじめて作った料理だったから心配だったの。ごめんね、感想催促して」

「いえ……いつもありがとうございます」

新田さんはいつもの笑顔を浮かべると空のタッパーを受け取って去った。

実は全部見抜かれているんじゃないかと思い、学生は気が気でなかった。なんとか無事にやり過ごしてほっとしたが、それとは別の妙な違和感を覚えていた。

『はじめて作った料理だから』

そう言っていたが、先日受け取った料理は見慣れた煮物だった。

その証拠に受け取りに来た友達は中身を見て、「やった、これ新田さんの料理の中で一番好きなんだよな」と喜んでいた。

「あのさ、前の新田さんの料理ってはじめて食べたやつだった?」

学生は気になって訊ねてみた。

友達は首を横に振り、「何回も食べたことがある」と答える。

それを聞いてさらに腑《ふ》に落ちない気持ちになった。

「なんで?」

「いや、新田さんがそれ持ってきたときに『料理の味どうだった?』って聞いてきて。そんなのはじめてだったからちょっと焦ったんだけど、『はじめて作る料理だったから』って」

「えー、はじめてじゃないぞ。味もいつもと変わらないように思ったけどなー」

そう言って友達はタッパーを持ち帰った。

学生は、新田さんがなぜそんな嘘を言ったのか気になったが、なるべく考えないようにした。

だがその日を境に、新田さんはぱったりと来なくなってしまった。

週に二、三度料理を持ってきたはずの新田さんは一週間、二週間が経ち、一か月が過ぎても現れなかった。

「どうしちゃったのかな」

誰よりも新田さんが来なくなったことを残念がったのは友達だ。自他ともに認める新田さんのファンは彼のほかにいない。

それだけに友達の落胆ぶりは見るだけで気の毒だった。

「なあ、ちょっと訪ねてみろよ」

当然、そのように言われたがどうも行く気になれない。

というのも学生は自分が原因だったのではと気にしていたからだ。

もしかすると、もらった料理を捨てたりあげたりしていたことがバレたのかもしれない。

そうならば誰だって料理を持って行くのをやめるだろう。

そうだった場合、新田さんを訪ねても険悪になるかもしれない。

それを思うと決心がつかなかった。

「でもなあ……」

学生は流し台の脇に置かれたタッパーに目をやった。新田さんに返さなければならないタッパーだった。

仮に険悪になったとしてもそれは自業自得だし、これまでよくしてくれたことには変わりない。せめてちゃんと謝るくらいはしたほうがいい。

なにしろ新田さんは同じアパートに住むご近所さんだ。ここで穏便に済ませておいたほうがあとあといいに決まっている。

学生がようやく新田さんを訪ねることを決めたのは二か月が経とうとしていた頃だった。

タッパーを持ち、駅前で買った菓子折を持って二階へ上がった。

アパートは一階二階合わせて八部屋あった。各階四部屋ずつだ。

新田さんは二階の端の部屋に住んでいると言っていた。

だが二階に上がってみて学生はすぐにおかしいと気づいた。表札のプレートが未記入だったのだ。

それどころかひとの気配もしない。郵便物の投函口はガムテープで封印されているし、すりガラス越しの部屋は真っ暗だった。

明らかに空き部屋だ。

「引っ越しちゃったのかな」

学生はそう考えるとほっと安心した。取り越し苦労だったのだ。

なんだ、引っ越したから来なくなったのか。

タッパーと菓子折りを持ったまま、学生はすこし残念な気持ちでもあった。最後の挨拶もできなかったのは心残りだった。

新田さんのことだから引っ越すことを教えてくれてもよさそうなものだ。

時間が合わなかった……ということは考えにくい。週に二、三度来ていたのだから今更こちらの生活リズムを知らないはずがないと思った。

……仕方ない。ここは訳アリっぽいひとばかりが住んでいるし。

学生は無理に納得することにした。

引っ越したとわかったときはなんとなく新居が見つかったとか、家族の誰かと同居するのだと想像したがそうではないかもしれない。

たとえば夜逃げとか、ネガティブな理由だった場合、挨拶どころではないだろう。新田さんは夫と二人暮らしだと言っていた。きっとなにかあったに違いない。

「おう、一階の学生か。なにしてんだそんなところで」

話しかけてきたのは二階に住むミュージシャンの男だった。

「新田さんに用があったんですけど、引っ越しちゃったんですね」

「新田？　誰だそりゃ」

ミュージシャンの男はさもはじめて聞いたとばかりに首を傾げ、こちらを覗き込んだ。

「そこにはもう長いこと誰も住んでねえぞ、見りゃわかんだろ」

「えっ？」

学生の反応にミュージシャンの男がそばまでやってくると、ここは空き部屋で最後に住んでいたのは売れない劇団員の男だったと話した。

「そんな、だってここに住んでるって言って……」

そう言いながら学生は念のため他の部屋の表札を確認するが、どこにも『新田』の表札はなかった。

「おいおい、なにを勘違いしてるかわかんねえけど、そこに誰か住んでたのは何年も前のことだぜ」

　一体どういうことだ、じゃあ新田さんはどこから来たというのだろうか。

　もしかすると二階だと勘違いしていたのか？

　思い返してみるが一階に新田さんがいないことは知っている。

　唖然としている学生を尻目に、ミュージシャンの男が部屋に戻ろうとしたときだった。

　すぐ近くでパトカーのサイレンが鳴り、男はふと足を止める。

「そういえばあのおばさん捕まったなあ」

　思わず振り返るとミュージシャンの男がサイレンのほうを見て立ち止まっていた。

「なんの話ですか」

「知ってるだろ。この辺よくうろついてたおばさん。ここのアパートの辺りにもよく出没してたじゃん」

「それってあの……こんな感じのおばさんですか」

　学生は新田さんの特徴を話すとミュージシャンの男は手を叩いてそれだと言った。

　猛烈に厭な予感がした。

「どうして捕まったんですか……なにをして……」

「動物虐待だってさ。野良猫を捕まえては殺してたらしいぞ。怖《こえ》えよな、どう見ても普通のおばさんなのに。聞いた話だと冷蔵庫に山ほど解体した猫の肉が入ってたらしいぜ。それがやけに手慣れてたらしくって、食肉にしてたんじゃないかって」

「しょ、食肉……」

「そう。つまり食べてたってことらしい」

話を最後まで聞かず、学生は大急ぎで部屋に戻った。

全身に鳥肌が立ち、寒気が止まらない。

布団にくるまりながらこれまでのことを思い返した。

あのときも、あのときも、あのときも。

学生は幸い料理に口をつけたことはなかったが、あれがすべて猫の肉を料理したものだとしたら……。

それからすぐに学生はアパートを出たという。

「その友達には新田さんのことも、猫のことも話していないそうです」

ヤタベさんは最後にそう締めくくった。

あるお守り

「お守りをお持ちじゃないですか」

アサミさん（仮名）が筆者にそう念を押した。

「持ってないです」

奇妙な質問だが、アサミさんは取材に応じるかわりに『絶対にお守りを持参しないこと』を条件にしたのだ。

「本当に？」

さらにもう一度聞かれ、その証拠にと筆者は鞄の中身をあらためた。

アサミさんがなぜこんなにもしつこく『お守りを持っていないか』にこだわるのかは、彼女が語ってくれた話が深くかかわっている。

これはアサミさんが小学二年生のころの話だ。

誕生日に新しい自転車を買ってもらった。パステルピンクとブルーのツートンカラーでかわいらしいオシャレな自転車だった。

アサミさんはうれしくなって、学校から帰るなり一日中乗り回すのが日課になっていた。

そんなある日のこと、いつものように自転車に乗ってあちこち走っていると知らない場所に迷い込んでしまった。

母親や教師からは「校区外には出るな」と口を酸っぱくして言われていたのにもかかわらず、ついついうれしくなったアサミさんは知らない間に校区外へ出てきてしまったのだ。

「どうしよう……」

しかも、どう帰ればいいのかさっぱりわからない。

ひとり心細くなったアサミさんは半べそをかきながら、知らない土地を彷徨《さまよ》っていた。

今思えばなんでもない住宅街だったが、幼いアサミさんにとってはまるで迷路の様相をしていたのだ。

漕げば漕ぐほど家から離れていくようで、心細さはより増していく。

そしてどのくらい迷ったころだろうか。

「きゃああっ!」

突然聞こえてきた悲鳴に飛び跳ねそうになった。

驚いて辺りを見回すと、すぐそばのマンションの下で女性が叫んでいた。

そして叫び声に通行人が続々と集まりはじめている。

アサミさんもなにがあったのか気になり、そこまで行ってみた。

「ひいっ」

〝それ〟を見たとき、思わず悲鳴を上げていた。

集まってきた他の通行人からもあちこち悲鳴が上がる。

そこには男がひとり、横たわっていた。

頭から血を流し、カッと見開いた瞳はどこを見るでもなく宙を睨んでいる。じわりじわりと男から血だまりが広がっていくのが恐ろしかった。

「飛び降り自殺だ！」

誰かが叫んでいる。

小学二年生のアサミさんでもその意味はわかった。男はマンションの上から飛び降り、絶命していたのだ。

さらに人が集まり、「救急車！」と叫ぶ声が飛ぶ。男の目は開いているのに、死んでいることだけははっきりわかる。

慌ててそこから離れようとしたとき、なんとなく視線のようなものを感じて反射的にアサミさんはマンションを見上げた。

マンションの屋上から誰かが見下ろしている。老人のように見える。

ちょうど男が落ちただろう場所だった。

屋上から見下ろすそれはだらりと垂れ下がった大きな鼻で、細い目をしていた。

思えば奇妙だが、やけにはっきりと顔が見える。老人は気持ち悪くにたりと笑っていた。

「あっ」

目が合った気がした。

その瞬間、老人はいなくなった。直感的に下りて自分を捕まえに来ると思った。

アサミさんは急いで自転車を漕ぎ、そこから逃げた。

ぜえぜえと息が切れるまで必死に自転車を漕いだが、その間も、脳裏からあの気持ち悪い老人の顔が離れなかった。

気がつくとさらに知らない場所に辿り着き、呆然とした。

さっきの老人も怖いが、知らない土地も怖い。家からどれだけ離れてしまったのか、考えるだけで厭になった。

泣きそうになりながら、知っている道がないかキョロキョロと見回していると自転車のカゴになにかが入っているのに気づいた。

紐が千切れた赤いお守りだった。

なんとか祈願と書いてあったが、それがなにかアサミさんには読めない。

それよりも一体いつこれが入っていたのかわからなかった。

自殺現場と気持ち悪い老人のせいでこのお守りさえも気味が悪い。すぐにでも捨ててしまいたかったが、それも罰が当たりそうで怖かった。

仕方なくお守りをカゴに入れたまま、自転車を運転する。

すこししてアサミさんは知っている道に来た。これで家に帰れる！　と喜んだものの、カゴに混入したお守りを持って帰る気にはなれない。

迷った挙句、誰かが拾ってくれるだろうと思い民家の軒先に置いて帰った。

数日後のことだ。

テレビのニュース番組で見慣れた風景が流れた。

それもそのはずで、そこは数日前に通った場所だった。だがテレビに映し出されたそこは変わり果てていた。

民家が一棟全焼し、隣の家まで延焼している。画面には骨組みだけ残して焼け落ちた家とリポーター、それにやじうまたちの姿があった。

「えっ！」

突然叫んだアサミさんに母親が驚いて「どうしたの」と訊ねた。

アサミさんはテレビに釘付けで答えられなかった。全焼したその家は、数日前にアサミさんがお守りを置いて帰ったその家だったのだ。

この火事で家に住む住民が死んだと報道している。たちまちアサミさんの顔は青ざめた。

アサミさんが青ざめたのは、お守りを置いた家が燃えたからだけではなかった。

テレビに映るやじうまの中に、あの老人の姿があったのだ。

垂れ下がった大きな鼻の、気持ち悪い笑い顔の老人――。

「お母さん、あのおじいさん怖い！」

「えっ、どのおじいさん？」

「あれだよあれ！」

アサミさんはテレビを指差した。

テレビの画面には、不自然にやじうまが映し出されたままだ。その中央にあの老人がいた。どういうわけか全体の輪郭が影のように暗く、やけに目立っている。

「どれ？　どこにそんなのいるのよ」

だが母はわかっていない様子だった。

これだけくっきりと映っているのになぜわからないのか、とアサミさんはテレビを指差しながら必死に訴えた。

「どこ？　わからないよ」

「ここだよ、ここ！」

業を煮やしたアサミさんはついにテレビのそばまでやってくると直接画面を指差した。

「……そんなのいないけど」

母の言葉に絶句し、思わずアサミさんは画面を見た。

テレビの中の老人はにやけた顔をさらに歪めて笑ったかと思うと、画面はスタジオに切り替わった。

「いたのに！」

「はいはい、お母さんを怖がらせようとしてもダメよ。ほら、宿題まだでしょ」

「違うの、あのおじいさんはあのとき……」

そこまで言ってアサミさんは気づいた。

あの老人はなぜ火事の現場にいたのだろうか。あそこはお守りを置いてきた場所だ。

そして、老人を最初に見たのは自殺現場。

そこを離れてからいつのまにかカゴにお守りがあった。

もしもあのお守りを家に持ち帰っていたら――。

アサミさんはそれ以上老人のことを話さず、その日は部屋に籠って過ごした。

その後、あの老人を見ることもなく現在に至る。


「関係ないかもしれないんですけど……」

そう前置きをして、アサミさんは筆者にそのあとのことを話してくれた。

「ニュースに映っていたとき、あのおじいさん、リポーターの女子アナをじっと見ていたんですよね。その女子アナ……火事の一週間後くらいに電車事故に巻き込まれて死んだんです」

筆者にはそれと老人が関係あるかどうかまではわからなかった。

アサミさんはその女子アナがお守りを持っていたと言いたかったのだと思うが、そんな都合のいいことがあり得るだろうか。

「私、大人になってからこの話を何度か人前で話したことがあるんです。一番最初は職場の飲み会だったかな、その次はコンパだったと思います」

アサミさんは現在、この話をしないことにしているという。

「だってこの話をすると決まって変なことがあるんですよ」

「変なこと？」

「話を聞いたうちの誰かが死んじゃうんです」

息を呑んでそのわけを聞くと、アサミさんは信じがたいことを口にした。

「必ずってわけじゃないんですよ。なにも起こらなかったこともあります。でも三回か四回くらい話して、無事だったのは一回くらいじゃないかなぁ。それ以外は必ず、ひとりかふたり死ぬんです。だからもう話さないでおこうって」

「だったらどうして私には話してくれたんです？」

「だから最初に聞いたじゃないですか。『お守り持ってませんか』って」

亡くなる前に会って話した者がいた。その人物はアサミさんに「あの話聞いたとき、お守り持ってたから怖かったよ」と言ったという。

亡くなった人すべてに確かめたわけではないので推察の域を出ないけど、と付け加えつつアサミさんは「この話を聞いたとき、お守りを持っていたら死ぬのではないか」と話した。

「どれも事故とか自殺とかで、この話のせいかって言われたらわかんないんですけど」

と遠慮がちにアサミさんは最後にこう続けた。

「実は……カゴにお守りが入っていたとき、お守りの中を見ちゃったんです。子供の頃ってお守りになにが入ってるか気になるじゃないですか。あの状況で不思議なんですけど、なんだか好奇心に勝てなくて。そうしたら中から写真の切れ端が出てきたんですよ。それは古ぼけた白黒の写真だったんですけど……あのおじいさんの顔でした。私が見たのと同じ、気持ち悪い笑みを浮かべて。だから私、あのお守りを持ち帰りたくなかったんです」

アサミさんは、この話をすると誰かのお守りの中に老人の写真が紛れ込むのではないかと自らの考えを話してくれた。

事実、アサミさんの身の回りでは異様なほど死者が多い。

小田イ輔
Isuke Oda

小田イ輔（おだ・いすけ）
『FKB 饗宴５』にてデビュー。『小田イ輔実話怪談自選集 魔穴』『FKB 怪幽録 奇の穴』『FKB 怪幽録 呪の穴』、「実話コレクション」シリーズ『厭怪談』『呪怪談』『忌怪談』『邪怪談』『憑怪談』、「怪談奇聞」シリーズ『祟リ食イ』『啜リ泣キ』『立チ腐レ』『噛ミ狂イ』など。共著に「怪談四十九夜」「瞬殺怪談」各シリーズ、『FKB 殲・百物語』『獄・百物語』『怪談五色 死相』など。近著に原作コミック『厭怪談 なにかがいる』（画・柏屋コッコ）。

おそろい

「そうですね、双子の姉妹なのに正反対というか」

サキさんには一卵性双生児の姉がいた。

幼い頃は外見だけではなく性格も瓜《うり》二つで、おそろいの服を着ると両親以外には見分けがつかないほどだった。

「最初は何もかも一緒だったはずなんですけどね……」

同じ服を着て、同じものを食べ、同じものを見聞きして育ったはずなのに、小学校の高学年にもなると、二人には明確に差が生じる。

「姉は社交的で人に好かれるタイプだったんですが、私は内向的で人付き合いが苦手っていう……そういう風に育っちゃって」

天真爛漫《てんしんらんまん》な姉と、引っ込み思案な妹。

環境はもちろん生まれた時間すら数分しか違わなくても、生活の上で積み重なった小さな差異がそうさせたのか、姉妹は性格的に異なった成長を遂げた。おそろいの服を着せられ、周囲から同じように可愛がられていた二人は、やがて容姿までも別々に評価されるようになっていく。

「作りは一緒のはずなんですけど、どう見ても姉の方が可愛く見えるんです。表情とか、喋り方とか、決定的に私とは違っていて……真似してみても、私がやると浮いちゃうっていうか、板につかない感じになってしまって」

思春期を迎える頃、サキさんはすっかり姉が苦手になっていた。

「可愛い」と言われるのはいつも姉、姿かたちは似ていても、態度や性格によって周囲に伝わる印象は全く変わるのだという現実は、彼女の心を常に苦しめていた。

「別に可愛く思われたかったとか、そういうことではないんです。ただ……どうしても比べられちゃうから、なんだか申し訳ないような気持ちになるんですよね……こんなんでスミマセンみたいな、そのせいで日常的にいじけ続けるっていう」

早々と彼氏を作って青春を謳歌《おうか》している姉を尻目に、サキさんは一人で本を読んだりネットゲームに耽《ふけ》る日々を送った。

「嫌だったのは、そんな私に姉が『こうすればいいよ！』って、悪気なくアドバイスをくれることでした。キラキラした目でいらない言葉を何度も何度も」

こういう服が似合う、こういう髪形が似合う、こういう友達、こういう彼氏、喋り方、笑い方、同じ容姿なんだからもっと楽しく生きられるはず、姉から贈られる助言の数々は、サキさんにとって暴力そのものだった。

「本人は善意のつもりでいたんだと思います。確かに言う通りにできれば当時の私もいくらか違ったのかもしれません、でも私には私なりの意地があったので」

何を言われようと反論もせず、表面的には仲良し姉妹を演じていたものの、彼女の内面では姉との溝は深まり続けていた。

「姉はいつまで経っても、小さい頃のような『おそろい』にこだわっているようでした『せっかく双子に生まれたんだから』っていうのが口癖で」

余計なお世話以外の何物でもないのだが、姉としては引っ込み思案な妹を引っ張っていかなければという義務感のようなものがあったのかもしれないとサキさんは言う。

「たった数分先に生まれただけなのに『姉』としての自負というか、そういう部分が強い人だったので……何事も自分が先、妹は後をついて来れば間違いないって……だからこそ、私はそんな姉とは別な自分で在りたかったんです」

姉妹は同じ小学校、中学校、高校を卒業し、大学は別々になった。

「高校まではずっと姉がメインの人間関係でした。誰と話しても最後は姉の話になっちゃうから、せめて大学ぐらいは別にしたくて……」

お互いに実家暮らしは変わらなかったものの、これまでに拍車をかけアクティブになった姉とは生活リズムも異なり、顔を合わせる頻度も減った。

「私は大学生になっても地味に過ごしていました。姉はサークルやアルバイトなんかに忙しいようで殆ど家に居ませんでしたね」

そんな姉とは違い、サキさんは家と大学を往復するだけの日々。

「大学デビューじゃないですけど、自分なりに変わろうと思ったこともあったんです。でも結局、変わった先にあるのは姉の在りかたそのもののような気がしてしまって、結局真似になってしまうんじゃないかと、何か行動を起こす前に気持ちが挫《くじ》けてしまい……」

姉の生き様が、サキさんにとっては人生を閉ざす蓋のように感じられていたそうだ。

だが、そんな鬱屈した日々にも終わりは来た。

「その日の夜、姉が事故に遭ったって連絡がきて、電話口では元気そうだったらしいんですが、運ばれた病院で急変してしまい……」

年が明けて間もなく、成人式を目前にした頃のできごとだった。

「付き合っていた彼氏とのドライブ中に車がスリップしたのが原因だったそうです」

当然、悲しかったが、それ以上に、解放感の方が強かったとのこと。

「嬉しさみたいな感情があったことは事実です。あの頃は姉が死んでしまったという実感に乏しかったというか……悲しんでいる両親にも、そういうことじゃないと知りつつ『まだ私がいるじゃない』って、そんなことを言ったりしていました……」

それから、サキさんは人が変わったように明るくなった。

直接的なきっかけは姉の死ではなく、彼女の遺品を使うようになったことだった。

「両親が捨てるに捨てられないと言うので、だったら私が使おうかなと。それまでだったら考えられないようなことですが……あの頃、不思議とそういう気持ちになって」

姉が着ていた服、使っていた化粧品、読んでいた雑誌など、諸々を自分のものとしたことで、彼女は劇的に変化した。髪形が変わり、喋り方が変わり、やがて性格も、交友関係すら派手になっていった。

「まるで姉が乗り移ったようだ」という両親や周囲の評価にも悪い気はしなかった。

「自分が自分じゃないような、これまでこだわってきたことは一体なんだったんだって」

こういう生き方も悪くなかったんだなと、初めて姉を悼《いた》みもした。

「そんな感じで一年ぐらい過ごしました」

日々の立ち振る舞いが変わった影響で、サキさんの身の回りの状況も大きく変化した。

アルバイトを始め、社会人の多い学外サークルにも所属し、そこで知り合った男性と付き合い始めるなど、非常に充実した日々を過ごしていた、ある日のこと。

「付き合っていた男性にドライブに誘われたんです」

休みの前日、アルバイトを早上がりして、迎えに来た車に乗り込んだ。

「憶えているのはそこまでです」

気がつけば病院のベッドの上で横になっており、全身に強い痛みを自覚した。

傍らには椅子に座り寄り添うようにして眠っている両親の姿。

「え？　って、最初は本当に驚きました」

その気配で目覚めたのか、両親がサキさんに何事か声をかけてくる。

「事故だったんです。意識を無くしたまま病院に運び込まれたようで」

怪我の影響か、車に乗り込んでからの記憶が完全に抜けており、サキさんは自分がどういう事故に遭ったのか全く覚えていなかった。

「私も彼氏も命に別状はなかったんですが、乗っていた車は完全に横転した上に後ろからの追突を受けたとのことで全損でした」

死者が出なかったことが嘘のような大事故であった。

「一命はとりとめたものの、退院するまでに一ヶ月以上かかりました。それで……」

頭を強く打っていたせいなのか、サキさんは事故後、再び引っ込み思案な性格に戻ってしまった。奔放な振る舞いはどうしてもできず、むしろ事故前の自分の在りようは異常だったと考えるようになったという。

「姉の事故死から私が事故に遭うまでの一年ぐらいの間、自分が自分じゃなかったような気がしているんです。一時であれ、どうしてああいう風に行動できたのか、今でもぜんぜんしっくりこなくって……その後、事故を起こした彼氏とも別れました」

周囲の人間は冗談のように言っていたが、あるいは本当に、姉が自分に取り憑いていた

のでは？　しばらく後、そんなことを考えるようにもなった。

サキさんは言う。

「やっぱり、今考えてみてもおかしいんですよね……亡くなったばかりの姉の遺品を平気で使い始めるとか、それを身にまとって姉のように行動してたとか……自分のことなのに違和感しかないです……こんなこと言うのもあれなんですけれど……姉は私にそうさせることで、死に方まで『おそろい』にしたかったのかな……とか、思っちゃって……」

憶えていて

田舎だからさぁ、仕事なんて殆どないんだもん。
ハロワ行っても魚の加工場か介護系しかない。
しっかもクソ安いからね給料。
手取りで十万ちょいとか、普通に暮らせないでしょ。
そんなさぁ、小遣いみたいな給料で八時から五時まで拘束されたくないよ。
ん？　あーいちおう専門学校通ってたけど辞めたの。
最初っからやる気はなかったけど、大体はお金の問題。
うん、金にもなんない資格取っても仕方ないしね。
そのくせ授業料はボッタくってくるから。
馬鹿みたいだなと思って。

実家帰って適当にバイトでもしてた方がいいやって思ったんだよね。

でも帰ってきたら帰ってきたでバイトもさー、ロクなのなくって。

そうそう、だから高校の先輩の伝手《つて》でやっとだよ、コンビニ。

ありがたかったー、勤務時間も調整してもらえるし、魚も年寄りも扱わなくていいもん。

で、そのコンビニで知り合ったバイト仲間の娘がさ、夜職もしてるって言うから。

ああ、いやそういうんじゃなくて、スナックだよ。

空いた時間でいいっていうし、お酒飲めなくてもオッケーって話だったから。

いやアタシ結構モテてっからね、自信はあったよ、酒飲めないけど。

まぁでも最初はちょっと怖かったかな。

ただママさんもうちのお婆ちゃんくらいの感じだったし、割とアットホームで。

地元のオッサンが相手だね、漁師とか、土建屋とか。

めんどくせえのもいるけど、それが仕事だしねぇ。

何より給料が悪くないからね、やれるうちはこれで稼ごうって。

ああいや、昼はコンビニで夜は気が向いたらお水っていう感じ。

毎日は出ないよ、疲れるもん。

まぁねー、でもそのうち結婚するから。
今？　今の彼氏は公務員、消防。
どうかなー選んでるうちに年取っちゃうから。
って、アタシの話はこんくらいでよくない？
お化けの話聞きたいんでしょ？
いや、霊感とかはない、ぜんぜんない。
だからこれは幽霊を見たとかそういう話じゃないんだけど……。
去年去年、去年の五月。
暇な日でね。
暇な時間帯っていうのはあるんだけど、うちは結構客来るからさ。
暇な日って少ないんだよ。
まぁ連休中だったから、いつものお父さんたちは家族と居たのかな。
遠洋の漁師なんかも連休は地元帰るしね。
でもママさんが店開けるっていうからさ。
じゃあアタシ出ますーって連絡したの、暇でも貰える額は同じだから。

それで毎日顔出す何人かの相手した後で、何時ごろだろ……。
十時は回ってたんじゃないかな。
客が引けるのも早くって、店にはアタシとママさんだけで。
早いけど店閉めるかーとか言ってって。
そしたら来たんだよね。
いや、幽霊じゃなくて客。
顔色悪くてさー、めっちゃ痩せてて。
スナックじゃなくて病院行ったらみたいな感じの人。
スーツ着てるんだけど、痩せすぎてぶかぶかになってた。
今まで見たことない客でさ。
「うわ」って思ったけど、仕事だから「どうぞー」って。
他に客いないし、私が席につくしかないじゃん。
この人酒飲めんのかなって思ってたら、ボトル入れてくれて。
水割りのセット出そうとしたら「それいらない」って言うの。
ん？　ストレートで飲む人なのかな？　って様子見てたら。

「ボトル入れるけど俺は飲まないから、お姉さん飲んで」って。
うわめんどくせーって思ったよね、アタシ酒飲めないし。
その客は「俺はウーロン茶飲むから」って。
こっちも飲めないからさ、そのこと話して。
別に怒ったりはしなかった「そうなんだ」みたいな。
そしたら急に「俺、間もなく死ぬんだよね」って語り始めて。
普通なら冗談なんだろうけどさ、冗談に聞こえないんだよね。
実際に死にそうな雰囲気だったから。
こっちもさ、そんなこと言われても困るじゃない。
「ほわー」みたいな顔して、リアクション保留してたの。
そしたら「ガンでね」って。
長くても半年ぐらいで死んでしまうんだって。
うわ、これマジなやつだわって、私もちょっとピリッとした感じ出して。
どうあれ何か話したいことあるんだろうから、聞きに回ったの。
肝臓にガンがあって、見つかった時には手遅れだったんだって。

色んなところに転移してて、末期だったみたい。
病院での治療は諦めて退院してきたらしいんだけど、一人暮らしなんだってさ。
兄弟とか親戚もいないし、友達なんかもいないから寂しいんだって。
独り者だから病院から出ると話す相手もいなくて、誰にも相談できないって。
そんなことを喋っててね。
スナックとか殆ど入ったことないらしいんだけど、話し相手が欲しかったんだね。
ちょうど店が暇な時だったから、アタシも離れるに離れられなくて。
うんうん、って話を聞いてたの。
「死ぬのが怖い」みたいなことを、何度も言ってた。何よりそれ以上に――
「自分の死後、誰も自分を憶えていないだろうことが怖い」って。
身寄りがないって話だったから、リアルにそれはそうだったんだと思う。
そして「だから憶えていて欲しい」なんて言うのね。
自分が今日こうやってこの店に来て、話をしたことを憶えていて欲しいって。
うわ重っ、って思ったけど「わかりました」って言うしかないじゃん。
多分忘れるだろうけど、この場では言うだけ言っとこうと。

そしたらそこから二時間近く自分語り、ずっーと。
どこどこで生まれて、どこの高校に入って、どこで働いてっていう。
他の客でも来てくれれば離れられたんだけど、誰も来なくてさー。
ママさんはママさんで「気の毒だから相手してやれ」とか言うし。
いやー気が滅入《めい》ったよね、話が重すぎて。
そもそも初めて会ったスナックのホステスに話す内容じゃないでしょ。
まぁ、それだけしんどかったんだろうけど。
何歳ぐらいだったんだろうなぁ、四十チョイぐらい？　割と若かったかも。
ねー、そんでさー、話すだけ話して帰り際にね……。
「本当にありがとう」って、めっちゃキレイなお辞儀してくれてさ。
手本みたいにピシッとしたお辞儀でね。
「こちらこそー」って、私もお辞儀で返して。
手振ってね。
また来るかもと思ったけど、それ以来来なくってさ。
長くても半年って言ってたから、もう亡くなってると思う……。

それでさ、この間なんだけど。
アタシ彼氏の家に居たの。
そうそう消防の彼氏。
ソファに寝っ転がってテレビ見てたんだけどね。
アタシの後ろで筋トレしてた彼氏が突然「憶えてる？」って言うのね。
こっちはテレビに夢中になってたからさ、最初は無視してたんだけど……。
「憶えてる？」「憶えてる？」って繰り返し言ってくんのね。
なんだうるせえなと思って「うん」って生返事したんだ。
そしたら急に静かになったからさ、なんなのって思って。
ソファから体起こして振り返ったらさ。
彼が私に向かって、めっちゃキレイなお辞儀しててね。
うわっ、って思って。
カレンダー見たら五月五日なんだよ。
そう、去年あの客が店にきたのも五月の五日でさ。

そういや子供の日だったぁ、って急に思い出して。
「ちょっとなんなの！」ってキレ気味で彼に言ったら。
「え？　俺なんかした？」って、キョドってて。
自分がさっきまで何してたか憶えてないって言うんだよ。
いやー、ホントにどうしようと思って。
取りあえず生返事でも「うん」って言って良かったなと思った。
わざわざ確認に来たんだとしたら性質《たち》悪すぎでしょ。
だから、もし来年も同じことがあったらさ。
「私あなたの家族でもなんでもないんで」って言おうと思ってる。

見初められる

リナさんは二十代の会社員。

地方都市に暮らす彼女は、数年前まで勤務先へ徒歩通勤をしていた。

「大学を卒業した年に新卒でこの街に来たんですが、電車やバスの便がイマイチなので、会社まで歩いて行ける距離に部屋を借りたんです」

通勤時間は片道二十五分ほど、運動代わりに歩くにはちょうど良い距離。

「嫌なことがあったり憂鬱《ゆううつ》な時なんかでも、街の空気で癒されるっていうのかな、歩いているうちに不思議と気が晴れてくることってあるんですよね」

川の流れ、商店街の賑わい、子供達のはしゃぐ声、そんな諸々を味わいながら、日々の通勤を楽しんでいたという。

「毎日すれ違う顔見知りもできたりして、新しい生活環境に馴染《なじ》んできた頃でした」

会社と自宅の中間地点、商店街から少し進んだ所にある、小さな雑木林。

木々が鬱蒼《うっそう》と生い茂るその林に、奥へ伸びる小径《こみち》があるのは知っていた。

草むらで隠れ目立たないそれに、ある日ふと興味を惹かれたと語る。

「なぜか突然気になっちゃって……この先には何があるんだろうって」

足を止め目を向けると、朝だというのに薄暗い。

「その時は仕事があるので通り過ぎたんですが、どうしても気になって……」

勤務を終えた帰り道、西日が差す時間帯、彼女は思い切ってその小径に足を踏み入れた。

青臭い匂いに包まれながら辿った林の奥、いくらか開けたようになっているそこには、木造の古ぼけた祠《ほこら》が鎮座していた。

「腰の高さぐらいの大きさで、中に小さな石が祀《まつ》られていました」

なるほど、こういったものがあるために、一帯は雑木林になっているのか、彼女は納得し、これも何かの縁と、祠に向かって手を合わせた。

「そしたら、なんだかスーッと背中を撫でられるような感覚があって、不思議なんですが体が軽くなったんです。一日の疲れがどこかに行ってしまったみたいに」

一瞬にして、熟睡後の朝のような清々《すがすが》しさを得た彼女は驚いてしまった。

「ほんと、なんの気なしの行動だったんですけどね、まぁ普通に考えれば自分の思い込みの類なんでしょうけれど」

こういう場合もプラシーボ効果というのだろうか？　どうあれ、手を合わせただけで疲れがとれる祠なんて都合が良すぎるにもほどがある。

そうは思ったものの、しかし彼女は以後、その祠に足繁く通うようになった。

「気になって何度か通っているうちに、最初ほどじゃないですけれど、やっぱり体や気持ちが楽になるんだよなと、だからつい」

当初は月に一度だったのが、そのうち週に一度となり、最初に手を合わせてから一年が経つ頃には、三日に一度は足を運ぶようになっていた。

「特に何をするわけでもないんです、祠の前で五分ぐらい伸びをしたりして、最後に手を合わせて帰るっていう、それだけ」

そんな日々を過ごしていると、なんだか妙だなと思うことが増えてきた。

「小さな幸運が連続するというか、ほんと、ちょっとしたことなんですけども」

雑誌の懸賞に当選したり、なかなか手に入らないチケットを入手できたり、職場で良い噂がたったり、取引先の人間に気に入られ仕事が楽に進められるようになったり、等々。

「小さい幸せが積み重なって、毎日がすごく充実し始めたんですね」

もしや、あの祠の御利益だろうか？　何が祀られているのかは知らないが、神様とかそういう類のものなら、何度も手を合わせている自分を少し後押ししてくれるぐらいの甲斐性はあるのかもしれない、そんなことを思うようにもなった。

どこの誰が管理しているのかもよくわからない雑木林の祠。

自分以外にお参りする人もなく、ひっそり佇んでいるその姿に、リナさんはやがて妙な親近感すら覚えはじめたそうだ。


個人的なパワースポットとして雑木林の祠に通い続けたリナさんの日々は、おおむね順風満帆だった、ただ一点を除いて……。

「こういう言い方をするのはアレなんですけど、男運が悪いというか……」

職場の同期の中に好意を寄せていた人物がいたが、リナさんと親しくなって間もなく大きな病気を患い退職してしまった。その悲しみから目を背けるように通い始めたカルチャースクールでは男性講師と意気投合したものの、その矢先に彼が不慮の事故に遭い講座自体が立ち消えとなった。これらはあくまで一例で、彼女が脈を感じると、それを遮《さえぎ》るように、相手の男性が不幸に見舞われることが相次いだ。

「花束とか持参の上で何度もお願いしてたんですよ、例の祠に。次こそは不幸なことが起こりませんように、良縁に恵まれますようにって」

だが仕事や健康面のそれとは裏腹に、祠のご利益は得られなかった。

「神様？　にも得手不得手があるのかなと。神社でも金運に強いとか恋愛に強いとかジャンル分けされていたりするので、この祠は健康とか仕事に関することには向いているけれど、男女関係には向いていないのかも知れないなって」

となれば、無理なお願いを繰り返すのも申し訳ない。そう思った彼女は、祠への恋愛祈願を諦めた。その後もなかなか良縁に恵まれなかったため、しばらくして、友人からよく当たると評判の占い師を紹介してもらい、自身の恋愛面を占ってもらった。

リナさんの弁から推察するに、その占い師は一般に知られるようなタロットや占星術などを行うタイプではなく、いわゆる霊感占いのようなものを得意としている人物のようだ。

「中年の女性の方なんですけれど、私の相談を聞いてすぐに『あなたは既に結ばれた相手がいるので難しい』って言われて」

　自分は結婚どころか彼氏すらいないというのに何を言っているのか、当たると評判ではあっても、やはり相性のようなものがあるのだろうか？　そんなことを思い「私、このところずっと一人ですよ」と返すと、占い師はそうだろうという顔をし「あなた、信仰している神様がいるでしょう？」と言う。

　自分は特別な宗教など信仰していない、唯一あるとすれば、例の小さな祠にお参りするぐらいのものだ。

　しかし話を聞くと、どうやらその祠が原因らしかった。

　占い師によれば、リナさんは祠に祀られている「神様」から妻のような存在として非常に強い力で庇護されており、霊的な意味で既に結ばれているのだという。故にわがままを聞いてもらうことはできても、異性を欲することだけは良く思われないため、恋愛は諦めた方がいいとのことだった。

「ハァ？　って思いますよね？　でも、確かにおかしいはおかしいんだよなって」

　祠にお参りをするようになってから知り合った男性たちは、リナさんと親しくなったタイミングで、ことごとく災難に遭い、彼女の前から姿を消すこととなった。それがずっと解せなかったのだと彼女は言う。

「中には一線を越えるか越えないかのところまで関係が進んでいた人もいたんです。病気になっても事故に遭っても、その先の関係を続けていく覚悟ぐらい私にもあったんですよ。でもみんな、不幸に遭った後で急に態度が変わるというか……まるで何かに怯えるように急によそよそしくなっちゃって、結局、私から離れていってしまうから……」

仮にそれが祠のせいだったとしてどうすればいいのか？　お参りをやめればそのようなことはなくなるのだろうか？

「私もそう思って、訊いてみたんですが……」

すると占い師は険しい顔で「悪い霊や因縁のようなものであれば祓うこともできるだろうけれど、相手が神様じゃどうしようもないね」と言った。

「頭からその話を信じたわけではないです。でも、さっきも言ったように、振り返ってみれば、ちょっと変というか、男女関係においてあまりにも同じパターンが続きすぎていたし……。それに週に何回もお参りに行くっていうのも普通じゃないよなって、ルーティンとして当たり前になっていたけれど、客観的に指摘されると……」

知らず知らずの間に、妙に入れ込んでしまっていたのではないか？　占い師の言葉は、リナさんにそのような自覚を促す上では効果があった。

「だから、お参りの頻度を減らしてみたんです」

するど今度は肉体的にも精神的にも疲れやすくなったり、ささいな不注意で物を壊してしまったり、身に覚えのないことが原因で周囲に面倒な人間関係が生じたりと、小さな不幸が相次いだ。

「コツコツコツコツ積み重なって、まるで嫌がらせのようで」

困ったことになっているという自覚はあるが、かといってどう対処したものかわからないため、参っているのだと彼女は言う。

「結局、徒歩での通勤はやめました。毎日あの雑木林の前を通るのはちょっとキツイなって思うようになったので……」

祠のお参りに関しては、ここ数年、徐々に減らしてはいるものの、急にやめるとどんな仕返しをされるかわからないため、定期的に続けているそうだ。今は手を合わせたところで背筋が寒くなるばかりで、全く良い気分にはならないという。

「モラハラ彼氏と付き合うとこんな感じなのかなって、そんなこと思ったりしますね。ほんと、冗談にもならないんですが……」

親友として

ハナさんにはミキさんという同い年の親友がいた。

「家が近所で、そもそも両親が親友同士だったんです。だから私たちも赤ちゃんの頃からのつきあいで、本当の姉妹のようにして育ちました」

小中高はもちろん、大学まで同じ学部の同じ学科に合格したため、文字通り四六時中一緒にいるという間柄だったそうだ。

勉強、恋愛、生活における様々なことを語り合い、固い絆《きずな》を育んでいたという。

そんな二人の関係に影が落ちたのは、互いが二十一歳の時。

「彼女が癌の宣告を受けたんです」

淡々とそのことを告げたミキさんの前で、ハナさんは泣いて取り乱した。

「難しい治療になるということで、長期に渡って入院をすることになると言われて」

幼少の頃からずっと一緒に過ごしてきた無二の存在が、一時であれ自分の側からいなくなってしまうことが非常に恐ろしかったとハナさんは言う。

「場合によっては面会すら制限がかかるという話だったので、どうしようって」

治療の結果、全快して戻って来られる保証があればそれでも耐えられたのかも知れなかった、しかし。

「助かる見込みは薄いみたいって、本人の口から言われてしまったら何も言えませんよ」

ただただ涙を流すしかなかったハナさんに、ミキさんは困ったような顔を向けた後で「最後の最後まで足掻《あが》くよ、生きることは諦めない」と言って力強く笑って見せた。

「本末転倒ですが、その言葉に励まされて私も彼女の療養を全力でバックアップしようと決めたんです」


始まったミキさんの治療は、見るからに辛いものだった。

病によって弱っているのか、治療によって弱っているのか傍からは判断できないほどで、日に日に痩せ細っていく親友を、ハナさんは涙を堪《こら》えて見守るしかなかった。

カラカラに乾いた老木のようになっていくミキさんを前に、ある日、とうとう堪えられなくなったハナさんは、堪えきれず嗚咽《おえつ》を漏らした。

それを見たミキさんは笑顔を作り「もし死んでしまってもずっとハナのことを見守り続ける」と言い、めでたく幽霊になった暁《あかつき》には「きっとわかるように合図をする」と語った。

「そう言ってくれた気持ちが嬉しくて、無理矢理笑いました。私がもっとしっかりしていれば良かったんですが、最後まで気をつかわせてしまって……」

それから間もなく、ミキさんは病との苦闘を終え、安らかに旅立った。


葬儀の際、ハナさんは取り乱したりはしなかった。

ミキさんが側で自分を守ってくれる存在になったことを信じたからだ。

「不思議と悲しくなかったんです、息を引き取った時も驚くほど冷静でいられて……ミキが側にいてくれる、本当にそういう気持ちになっていたんです」

肉体は失っても、これからも魂は側にいるのだ、葬儀はミキさんの体と別れるためだけのセレモニーであり、魂との別れを意味するものではないと考えた。

ミキさんは約束を違えるような人間ではない、大病を得、辛い治療に苦しみながらも、最後の最後まで足掻いたその姿が、ハナさんにそれを証明していた。

しかし「きっとわかるようにする」と約束したような「合図」は来なかった。

「おかしいなと。どんな形であれ私にわかるような合図をしてくれるはずなのにと思って」

それを示しやすいように、自室の机の上には常にミキさん専用の紙とペンを置いた。

月命日には墓参りを欠かさず、家では毎日のように写真に話しかけもした。

だが、合図が来ない。

「どうしてなんだろうと考えたんですね、それで、色々と思いついて」

手始めに、家の中にあるお守りの類を全て捨てたのだという。

「私にとっては違っても、他の人から見ればミキは『お化け』の類と一緒なんだろうから、であれば魔除けみたいなものは逆効果なのかもと。ミキが私に近寄ってこれないみたいなことになったら困るので」

車のフロントガラスに付けておいた交通安全のお守りや、お正月に買った破魔矢《はまや》なども全て取り外し、親に内緒で神棚の中にあった御札も捨てた。

「そしたら暫《しばら》くして、夜に寝ている時、部屋の窓がカタカタ鳴るようになったんです」

これが合図だろうか？　ハナさんはそう思い、鳴る窓に向かって呼びかけるなどしたが、それがミキさんによるものだという確信は得られなかった。

「紙に名前を書いてくれるだとか、夢枕にでも立って話をしてくれるだとか、そのぐらいのことがあれば私も『これだ』って思えたんですが……」

近所を大型のトラックが走ってでもいれば窓ぐらいは鳴るかもしれない。

それに自分の存在を示す方法として「窓を鳴らす」ということが妥当だとも思えない。

「ミキが窓を鳴らす必然性がどこにもないんですね、だから、まぁ不思議と言えば不思議でしたけど、これは違うなって」

ハナさんはその状況を受けて、次の行動に出た。

「うちのすぐ側に神社があるんですが、あるいはそれが影響しているのかもと」

幼い頃は境内で二人、よく遊んだ思い出の場所であり、ことある度にお参りに行き、ミキさんの全快を祈願した神社でもあった。

「小さい頃からの縁もありますし、たぶん、私を守ってくれてる神様なんだろうなと。でも結局ミキは助からなかったし、であれば、もういいかなと思ったんです。ミキが私に合図を送るための障害になっている可能性の方が問題だったので」

神社の鐘を鳴らし「もう守ってくれなくて結構です」と祈りながら手を合わせることを毎日のように繰り返したとハナさんは言う。

「関係あるのかどうかわからないんですが、その頃から、体に小さい切り傷がついていたり、ぶつけた記憶もないのに青痣《あおあざ》ができていたりすることが増えました。あの神社の神様は割と私を守ってくれてたのかもと感心はしたんですが……」

それでも、ミキさんからの明確な「合図」は得られなかった。

「まだ足りないのかなと思って」

関係があるのかどうか定かではなかったが、自分の先祖が眠る墓や、ちょっと離れた所にあるお寺のお堂でも同じように「守ってもらわなくて結構です」と祈念し、さらに例の神社に生えている御神木《ごしんぼく》に傷をつけてみたり、賽銭箱《さいせんばこ》に塩を撒いたりもした。

「やりすぎかなとは思ったんですが、なかなか合図が来なかったので、神様とかご先祖様とかには嫌われるぐらいが丁度いいのかなと思って」

結果、やはり「合図」はなかったものの、妙なことが起こるようにはなった。

「道を歩いていると、後ろから『おい』って誰かに呼ばれるんですね。男性っぽい声で、たぶん同じ人」

場所の区別なく時間もまちまちである上、環境によっては自分が呼ばれているとは限らないのだが、その声が聞こえると、つい反射的に振り返ってしまう。

「でもそれらしき人はどこにもいないんです。私以外に誰も歩いていない道で呼ばれたこともあります」

もちろんそれもミキさんからの「合図」だとは思えなかった。

「男の人の声ですからね、そもそもミキは私を『おい』なんて呼びませんし」

ミキさんが亡くなって三年が過ぎるが、未だハナさんが納得するような「合図」が送られたことはない。

「一年目は色々なことを試してみたんですが、結局、何も得られなかったので、二年目以降は神社やなんかには手出ししていません。でも窓がカタカタ鳴ったり、誰かに呼ばれたりということは続いています」

小さい傷や、覚えのない青痣も頻繁にできているという。

さらに。

「それ以外にも、置いた覚えのない場所に私物が置かれていたり、部屋のテレビが勝手に点いたり消えたり、一人でいる時に髪の毛を引っ張られたり、誰かに怒鳴《どな》られる夢を頻繁に見たり、細々としたことは色々あります。ただ、どれも暴力的というか、嫌がらせみたいなことばかりなので、どう考えてもミキからの合図だとは思えないんですよね……」

明らかに妙な現象が起きているにもかかわらず、ハナさんがそれを意に介す様子はない。

「確かに怖いような気もしますが、そもそもそれが『あっちの人達』によるものなのであれば、ミキだっていつか私に合図を届けてくれる可能性はあるわけですよね？　今は何かが差し障っていて思うようにできていないだけだと思うんです。現に他の『彼ら』はちょっかいを出してきているわけですから、一年目に私のやったことは効果があったんですよ」

その主体が、ミキさんではないというだけ。

「なんなら、もう私があっちに行っちゃうっていう方法もあるんですよね、ミキの合図を待つまでもなく、私に起こっている色々が『あっちの人達』の仕業によるものなら『あの世』っていうのがあるってことなんだろうし、私の方からミキに会いに行くことだってできるはずですよね？　そんなことを最近考えるんです」

黒史郎
Shiro Kuro

黒史郎（くろ・しろう）
小説家として活動する傍ら、実話怪談も多く手掛ける。「実話蒐録集」シリーズ、「異界怪談」シリーズ『暗渠』『底無』『暗狩』『生闇』、『黒塗怪談 笑う裂傷女』『黒怪談傑作選 闇の舌』『ボギー 怪異考察士の憶測』ほか。共著に「FKB 饗宴」「怪談五色」「百物語」「怪談四十九夜」「瞬殺怪談」各シリーズなど。

ここにおるやろ

インターホンが鳴る。

慌ててベッドから飛び起きる。窓の外は暗い。

時計を見ると、午前四時を過ぎている。

「こんな時間に、なに？」

眠気が一瞬でとんだ。こんな時間の来訪に良い理由があるはずもない。

再び、インターホンが鳴る。続けて二度。押し方に相手の苛立《いらだ》ちが伝わってくる。自分が起きる前から何度も鳴らされていたのかもしれない。

困ったことに、夫は出張中である。

酔っ払いが家を間違えているのだろうか。それなら無視すればいいだけの話だが。

おそるおそるインターホンの画面を確認する。

向こうもこちらを覗き込むようにカメラに顔を近づけている。

短めの金髪。白い細面《ほそおもて》。黒目がちで表情がない、若い男だった。

娘の友達だろうと母親は二階の部屋へ行って、寝ているさくらさんを叩き起こした。

「友達来てるで、はよ起き」

「んんー？　だれぇ？」

「知らん。いっとき、こんな時間に非常識やで。何時やと思ってんの」

起きざまに怒られながら時計を見たさくらさんは、「えっ」と顔をしかめた。母親が怒るのも当然だ。いったい誰だろうとインターホンのモニターを見る。

知らない男だった。

怖かったが、家の前にいるので無視というわけにもいかない。

通話ボタンを押し、「どちらさまですか？」と尋ねた。

「ミクの彼氏だけど」

男はぶっきらぼうに答える。

ミクとは同じ専門学校のクラスの子だ。一度だけ家にも遊びに来たことがある。その彼氏がどうして、こんな時間に自分の家に来るのかと不安になる。

「あの……ミクが、どうかしたんですか？」

「連絡、とれへんねん」

ＬＩＮＥが既読にならず、電話にも出ないのだという。

学生たちのあいだで、とある位置情報共有アプリが流行《はや》っている。互いにアプリをダウンロードし、認証しあえば相手の位置情報がわかるというものだ。ミクの彼氏がいうには、今夜のミクはずっと「ゴーストモード」なのだという。それは位置情報を知られたくない時に使う設定《モード》で、曖昧《あいまい》な位置情報を表示するモードと、設定する直前にいた位置で固定したまま情報を更新しないモードを選べる。

ミクの現在の居場所を調べると、この家の近くに位置情報が表示されるらしい。そこで、ミクの知人に手当たり次第に電話をかけ、この付近にクラスメートの家があることを知った彼氏は、さくらさんの家を割りだしたのだというのである。

「ミク、ここにおるんやろ？　だして」

この様子だと、どうもミクの浮気を疑っているようだ。さくらさんを男友達かなにかと勘違いして来たのかもしれない。

「うちにミクは来てませんよ」

事実である。だが、もし泊っていても、教えるつもりはなかった。

今の彼氏と別れたい、とミクがいっていたからだ。

聞くところによると束縛がひどいらしく、彼女のスケジュールを勝手に決めるのだそうだ。この日は何時に学校が終わるから、どこで何時に待ち合わせし、何時まで遊んで何時に帰宅する、といった具合で、彼女の予定を勝手に決められてしまうという。

最悪なことに、人間関係の管理もされているらしい。

ミクのスマホに入っている友達やバイト先の先輩の連絡先は全部、彼氏も知っており、少しでもミクの帰宅が遅くなったりＬＩＮＥに反応がないと、その番号を上から順にかけてまわるのだそうだ。

「浮気なんてしたらソッコーで刺しに来るタイプ」と、ミクは笑いながらいっていたが、こんな時間に赤の他人の家にやって来るような非常識な人間だ。ほんとうにやりかねない。

今、ミクがもう別の彼氏候補と遊んでいることは知っている。どうやら、その彼氏候補は、この近所に住んでいるようだ。まったくもって、いい迷惑だった。

「おるんやろ。はよ、だして」

「いや、ほんまにうちにはいませんから」

男は舌打ちすると、スマホ画面をインターホンのカメラに近づける。

「ほら、見てみぃ。ここにいることはわかってんねん」

アプリの地図の画面である。さくらさんの家の近くに、確かにミクのアイコンがある。

彼女は位置情報を曖昧にするモードにしているらしいが、このモードの難点は、使っているとことが相手にわかってしまうところだ。

「本当です。うちにはいません」

「ウソやな」

「は?」

イラッとして喧嘩腰になりかけたが、刺激してはならない相手である。

「――うそじゃないです。他の家にいってるんじゃないですか」

彼氏は納得いかない様子で、

「ほなら、この辺の家にかたっぱしから訊いてまわるわ」

そういって、謝罪の言葉一つなくカメラの前から消えた。

翌日、さっそく学校でミクにクレームを入れた。

「あのあとママにめちゃくちゃ怒られたんやで」

「ごめーん、まさか、さくらんちに乗り込むとも思わんかったわ」

「なんなんあいつ。ほんま失礼なヤツやったわ。あんな男、すぐ別れたほうがええって。マジで刺されるで」

「うん、だから、さっき別れた」

朝帰りをすると、彼女が一人暮らしをしているマンションの前で彼氏が鬼の形相で待っていたらしい。

ものすごい剣幕で詰め寄られ、脅迫めいたことをさんざんいわれたそうだ。

「刺されるって思ったけど、ほんまうるさいし、わたしもブッチン切れてもうて、もういいわってなったんよ。勢いで、今までため込んでたこと、みんなぶちまけたったわ」

すると、彼氏は意外にもあっさりと引き下がったそうである。

あのタイプがそんな簡単に別れを受け入れるはずがない。別れを告げられた時はショックでなにもできないが、後でふつふつと怒りがわきだして刺しに来る、そういうタイプだ。

そんなさくらさんの心配などよそに、ミクは清々《せいせい》した様子であった。

それから数ヶ月後の深夜。

インターホンが鳴った。

さくらさんはリビングでテレビを見ていた。

インターホンのモニターを見て、凍りつく。

モニターのなかから白く細長い顔が覗き込んでいる。

もう、彼がここに来る理由などないはずだった。

「なんですか」

インターホン越しに尋ねた。

「ここにおるんやろ？」

その言葉と、男の声の暗さにゾクリとする。

「なにいってるんですか」

「来とるはずや。ミクが」

「いい加減にしてください。警察呼びますよ」

本当にいつでも呼べるようにスマホを握っていた。

「隠しても無駄や。前とおんなじやし。ほら」

そういってスマホを見せてくる。

「な？　あいつ、またゴースト使っとる」

「――知らないんですか？」

「あ？　いいから、はよ、ミクだせやっ」

「ミクは今、入院中なんです！」

先月はじめのことだ。

授業中に倒れ、救急車で搬送されたミクは、その後、幼いころからある持病が急に悪化したことがわかった。一時的に実家に帰った彼女は、そこから長期の入院となる可能性もあるので、いつ復学できるかもわからないという厳しい状況であった。

そんな大事なことも聞かされていないほど彼女にとって、この男は他人なのである。

それに例の一件でミクは位置情報共有アプリを消去している。だから彼女の居場所を、この男が捜せるはずはない。位置情報に出ているミクは別人なのである。

誰かをミクと勘違いしているのか。それとも、以前のさくらさんの対応がミクの浮気に協力したと思われて、イヤガラセをされているのか。

「――そういうわけですから、帰ってください。もう来ないでください」

強めにいってインターホンの通話を切ると、そっと窓から様子をうかがった。

ミクの元カレはスマホを見ながら納得がいかないように首を幾度も傾げ、きょろきょろと周りを見ると、足を引きずるようにしながら帰っていった。

その表情は、まだミクを諦めていなかった。


その年、ミクが死んだ。

しかし、その後も元カレは、「ゴーストモード」のミクを追って、さくらさん宅周辺の家のインターホンを押して回っていたのだそうだ。

バックヤードで

有希さんがコンビニエンスストアでバイトをしていたころの話である。

ある日の午後、バックヤードの男子高校生が首を傾げながらなにかを見ているので、どうしたのと訊くと「忘れ物なんですけど」と数枚の紙を見せてきた。

筆で文字を書いた短冊形の紙を、Ｂ４サイズのコピー用紙に貼ったものである。

「なんだろ。習字みたいな——神社のお札ですかね？」

「ああ、違うよ、これは——」

戒名《かいみょう》である。

いまいちピンときていない彼に説明してあげた。

「亡くなった方がつけてもらう仏様の名前のことだよ」

「それって、死人の名前ってことですか」

露骨に厭な顔をした彼は、慌てて紙をテーブルに放った。

「こら。その行為は亡くなった方に失礼だよ」

そうたしなめ、これはどこにあったのかと訊いた。

商品棚の整理をしていると女性客に声をかけられ、コピー機を使いたいんだけれど前の人のものが残っているといわれた。確認すると、スキャンするガラス台に原本が一枚、排出口にコピーされた十枚ほどが残されていたという。利用客はコピーだけをしてなにも持ち帰らなかったらしい。

「取りに来なかったらどうするんですか？　捨てちゃっていいんですか？」

彼にとって「死者の名前」が置き忘れられていたことがよほどショックだったらしく、心底困ったような目を有希さんに向けてきた。


店長も困ったような顔をした。

コンビニでもっとも忘れ物をするのがコピー機の利用客で、とくに免許証や保険証といった重要書類が多いそうだが、さすがに戒名は初めてだという。

「まあ、大事なものだから、すぐ取りにくるでしょ」

それまで店で保管をし、レジカウンターの目につく場所に預かっている旨を書いた紙を貼っておくことになった。

しかし、一週間経っても持ち主は取りに来なかった。

コピーのほうはまだいいとしても、原本はお寺に書いてもらったものだから大事なもののはずだ。

通常、忘れ物は三ヶ月間保管されるが、そのあいだに持ち主が引き取りに来なければ財布や身分証明書などの貴重品は警察に渡し、それ以外のものは大抵処分となってしまう。

だが、三ヶ月を過ぎても持ち主は現れなかった。

物が物だけに処分をしづらい――ということで継続して預かることとなり、そうこうしているうちに、とうとう半年が経過した。

保管環境には十分気をつけていたのだが、短冊型の紙は黄ばんで油染みのようなものが所々に現れ、Ｂ４の紙から剝がれてしまった。戒名を書いた墨も色落ちしたのか変色したのか、やや青みがかった色に変わっていた。

男子高校生のアルバイトが辞め、入れ替わりで三十代のおとなしそうな男性が入った。

シフトリーダーの有希さんは男性に仕事を教えていたが、「うす」「へい」と変な相槌を打ってきて、どうも不真面目であった。仕事を教えても聞いているのかいないのかわからない。また、見た目の雰囲気と違って、ジョークで笑いを取ろうとしてくる変に浮かれた一面もあり、少し面倒くさいタイプであった。

そんな男性アルバイトを有希さんが怒鳴りつけたことがあった。

ある時、男性アルバイトが忘れ物の保管箱から例の戒名を見つけた。

するとなにを思ったかそれを額《ひたい》につけて、「キョンシー！」といって、有希さんにおどけて見せたのだ。

「やめてください」と冷たくあしらったが、それでもなお彼はふざけ続け、額に戒名をくっつけたまま、ぴょんぴょんと跳ねて有希さんに寄ってきた。

つまらないうえに不快であった。

冷たい視線を突き刺し、厳しい言葉を放ってやろうとした、その瞬間。

フッと、店内が暗くなった。

停電である。

一瞬で視界を奪われ、有希さんはパニックになった。

だが、数秒で電気は復旧した。

幸い、店内には客もおらず、「なんだったんでしょうね」と男性アルバイトを見ると、彼は俯いて口元を押さえている。

「どうしたんです？　大丈夫ですか？」

すると男性アルバイトは肩を震わせながら、自分の口の中に指を突っ込み、ゆっくりとなにかをひっぱりだした。

口から出てきたものは、唾液にまみれた細長い紙――。

戒名を書いた紙だった。

「おいひくなぁいでぇす」

涙目でえずきながら、半笑いでおどけてきた男性アルバイトを有希さんは「バカじゃないですか」と怒鳴りつけた。

「それ、ただの紙切れじゃないんですよ？　知らないんですか？　あなた、いくつなんです？　なにをしているのかわかってるんですか？」

嫌悪の目を向けながら厳しく問い質《ただ》すと、彼は妙な弁明をしだした。

「あんたがいけないんじゃないですか」

暗くなった瞬間にこれを口に押し込んできたのはそっちじゃないですか、と。

あろうことか、これは有希さんの仕業だと言いのけた。

しかも、一歩間違えば喉に詰まって死ぬところだったと責め立ててきたのである。

我慢も限界であった。いつものつまらないジョークのようにはすまされない。こんな行為を面白いと思っている人間と一緒に仕事などしたくなかった。

「もういいです。そっちがその気なら、わたしだってもう黙ってません。ずっと見てますけど、仕事もいつも適当ですよね。まだ高校生のバイトのほうがちゃんとやってくれてましたよ。あなた、仕事なめてるでしょ？　なめてますよね？　なんだよ、キョンシーって。気持ち悪いんだよ。いいですか。この件は必ず……店長に報告して厳しく……処分してもらいます。覚悟して……なに、これ」

有希さんはなにかの臭いを感じていた。

途中から臭いのことが気になってしまって、怒りの言葉も出てこなくなる。

生臭いような、酸っぱいような、ひじょうに不快な臭いである。

これに近い臭いを最近、どこかで嗅いだことがあった――。

鼻で出所をたどると、臭いは自分の右手からしていた。

人差し指と薬指がぬるぬると湿っており、鼻を近づけると吐き気をもよおすほどの酸《す》い臭いがした。それは足元に落ちている丸められた戒名の紙にまとわりついた分泌液——唾液の臭いに違いなかった。

嗅いだことがあると思った臭いとは、目の前の男の口臭である。

すぐさまトイレに駆け込んで吐いた。そして猛烈な勢いで手を洗った。

洗いながら、手の甲に赤紫色になって凹《へこ》んでいる跡があるのを見つける。

歯形だった。


その後、男性アルバイトは有希さんに暴力をふるわれたと店長に訴えた。へんな紙を口に突っ込まれて殺されそうになった、こんな女はクビにしたほうがいい、と。

そんな言葉を店長が信じるはずもない。男性アルバイトの普段の不真面目な勤務態度にも気がついていたので、その場で解雇《クビ》を告げると、彼は有希さんと店長への罵詈雑言を置き土産《みやげ》に辞めていった。

さすがに、戒名の紙は廃棄となった。

家を守る存在

ある休日の正午にマリさんは飼い犬フクの散歩から帰った。

玄関でフクの足を拭いてあげていると母親がきて、

「友だち来てるわよ」

「え？　だれ？」

「あんたの部屋で待っててもらってるから」

「誰とも約束してないんだけどな」

「小さくて、かわいいこよぉ～」

それだけじゃわからないよと笑いながら、フクと一緒に階段を上がっていく。

マリさんの部屋の扉の前に来ると、フクが前足をギュッと突っ張って立ち止まり、部屋に向かって激しく吠えたてた。

「どうしたのフク、大丈夫よ」

家族以外の人のにおいがするからだろう。人見知りな性格なので警戒しているのだ。

一応ノックをし、「ただいまぁ」といいながら扉を開ける。

部屋には誰もいなかった。

「ねぇ、だれもいないよぉー」

すると、エプロンで手を拭きながら母親が上がってきた。

「あら、いない？　トイレかしら」

「どんな子がきたの？」

「だから、こんなちっちゃい男の子」

「小さいのはわかったから――え？　男の子？　子供？」

「そう、五、六歳くらいの」

「なにそれ……そんな子、知らないよ……」

「でも、あんたの名前いってたわよ。あら、小さい彼氏できたのねって。近所の子なんじゃないの？」

マリさんは首を横に振った。

「そんな知らない子、家に入れちゃったの？」

「そりゃ入れるわよ。だって、あんたの知り合いだっていうし」

「だから、そんな子、知らないんだってば」


結局、家の中に母親のいう男の子の姿はなかった。

なにかが壊されていたり、物がなくなっていたりということもなかったが、どこの誰かもわからない子供が突然やってきて、家の中で消えてしまったというのは気味の悪い話だ。

「お母さん、幽霊でも見たんじゃないの？」

「バカいわないでよ。きっと、マリと同じ名前の人を訪ねにきたんじゃない？　家がわからなくて誰かに聞いて来てみたら、違う家だって気づいて、こっそり帰ったとか」

腑に落ちないが、そういうことにしてこの話は終わった。


それから、家の中で妙なことが起こりだした。

夜中にカスタネットを叩くような音がする。家にカスタネットはない。

センサーで流れる仕組みのトイレが、誰も入っていないのに勝手に水が流れる。

冷蔵庫にマグネットで留めてあるメモが朝になるとすべて落ちている。

いずれも些細なことなのだが、マリさんは気味が悪かった。

「あの子がイタズラしてるのかも」

母親が急にそんなことをいいだした。

あの子とは以前に来たという、謎の男の子のことである。

「それって、やっぱり幽霊だったってこと？」

「座敷童《ざしきわらし》っていってよ」

「やだ、それもお化けでしょ？」

座敷童は悪いものではないのよと母親はいう。

「福を呼んで、家を守ってくれる存在なんだから」

でも、お化けはお化けである。マリさんにとって、悪かろうがよかろうが、家のなかにお化けにいられるのは嫌だった。夜中に目が覚めて、見知らぬ男の子が自分の顔を覗き込んでいたらと想像するとゾッとする。

「でも、そんなものがもし家にいたら、フクが追い出してくれるよね」

マリさんはフクを抱きしめる。

犬は幽霊を追いはらってくれるというイメージがあった。だから、この件に関してマリさんはフクに全幅の信頼を寄せていたのである。

ところが、そのフクにもなにかが起きていた。


マリさんは自分の部屋にいる時は扉を完全には閉めず、わずかに開けておく。そうしておくと、フクが鼻を使って開けて入ってくるからである。マリさんの部屋が閉まっていると、なんとか入ろうと扉の下を爪で掻いてしまい、傷だらけにしてしまう。

だが、ある時期からフクが部屋に入ってこなくなった。

入れないのだ。いつも、わずかに開けておく扉が、気がつくと閉まっているのである。扉をかりかりと掻くので、気がついて部屋に入れてあげる。しかし、しばらくするとまた、かりかりと扉を掻く音がする。先ほど部屋に入れてあげたはずのフクが部屋の外にいるのである。

マリさんの部屋の扉は、閉める時にカチャッと大きなラッチ音がする。しかし、そんな音は聞いていない。無音で閉めるにはノブをまわしながらそっと閉めなくてはならないので、フクが誤って鼻で押して閉めたわけでもない。ましてや、閉めたドアを開けて部屋の外へなど出られない。

なにかがマリさんの部屋にフクが入れないように意地悪しているようであった。

やがて、フクは二階に上がってこなくなった。

それどころか、連れていこうとすると足を突っ張って嫌がるようになってしまった。


ある日の夕食時、マリさんは母親から、あらぬ嫌疑をかけられた。

「あんた、吸ってるでしょ」

マリさんの部屋がタバコ臭いのだという。

身に覚えはなかったが、たしかに最近、部屋のなかで臭うことがあった。

「友達にも吸ってる子いないし、外で服についてきたのかな」

「そんなこといって、あんた誰か連れ込んでやしないでしょうね」

「ないって。煙草吸うオトコ好きじゃないし」

そんな話をしていたら、横でドッグフードを食べていたフクが急に激しく吠えだした。

今まで聞いたことのない、太くて怖い鳴き声だった。

上に向かって吠えており、「どうしたの」とマリさんが落ち着かせるために抱こうとすると、その腕をすり抜けて、とことこと階段を上がっていった。

あんなにいくのを嫌がっていた二階へいったのである。

すると二階から、激しく床を蹴るような音とフクの唸る声が聞こえてきた。

すぐに二階へ向かったが、途中でものすごい勢いで下りてくるフクとすれ違った。

フクはそのまま玄関に向かうと靴脱ぎ場の前でとまり、玄関扉に向かって激しく吠えた。

どんなに宥《なだ》めても、フクは吠えるのを止めなかった。

かと思うと、五分ほどでピタリと吠え止み、何事もなかったようにエサ皿に戻って食事を再開する。

その数分後、食べたものをみんな玄関の前で吐いた。


それからほぼ毎日、フクは玄関扉に向かって吠えた。

吠える時間は不規則で、真夜中もあれば、早朝もある。寝ていても急に耳をピンと立てて顔をあげ、玄関へと走った。時々、玄関前にはフクの吐しゃ物や排泄物があった。

フクも人間にしたらいい年齢だ。母親は「ボケちゃったのかしら」と心配していた。

だが、マリさんにはそんなふうには見えなかった。むしろ、フクは以前よりも感覚が冴えており、彼だけが聞こえる音、彼だけがわかるにおいに敏感に反応していた。

玄関扉に向かって吠えたてるその姿は、まるで家に入ってこようとするなにかを威嚇しているようにも見えた。というのも、フクが玄関に向けて吠えだした日から、マリさんの部屋でタバコのにおいがしなくなっていたのである。


そんな奇妙なことが続いていた、ある日の夕方。

火事があった。

向かいの家である。

火の勢いは激しかったが、幸い全焼はまぬがれ、住人の三十代の夫婦も怪我で済んだ。

不思議なのは、その家がなぜ燃えたのかがわからなかったことである。喫煙者はおらず、夕食時ではあったが火は使っていなかった。火元・出火原因ともに不明で、放火の可能性もあるとのことであったが、仕事帰りの人がたくさん通る時間帯であり、付近の監視カメラにも不審な人物は映っていなかった。

向かいの家に火をつけたのは放火犯《ヒト》ではない——とマリさんはいう。

フクに家から追い出されたモノがやったのだ、と。
母親が見た男の子は家を守る座敷童などではなく、子供でもなかったのだという。
子供は煙草なんて吸わないからだそうだ。

河童

エリさんは二年前に弟と二人で上京し、川沿いにあるマンションで一緒に住んでいた。

その日、弟は夜遅くにバイトから帰ってくるなり、興奮した様子で「なんかあったん？」と訊いてきた。

「いま橋んとこ通ってきたら、警察やらなんやらいっぱいおったで」

一時間ほど前からサイレンの音がすごく、近所でなにかがあったのだろうとエリさんも気になっていた。

「川にライト当てて捜索しとったから、まただれか落ちたんちゃうかな」

「あんた風呂入っとき。コンビニいくついでに見にいってみるわ」

玄関を出ると、エリさんの目に白い光が飛び込んできた。

マンションの前を太い川が通っている。そこに架かる古びたアーチ形の橋梁の上に数基の大きなライトが設置され、あたりを真昼のように白く照らしていた。その白光の中を複数の人影が慌ただしく動いており、橋のそばには警察車両や救急車両が停まっている。川にはボートが出ており、濡れたアザラシのようなウェットスーツ姿の人が乗っていた。

（やっぱり、人が落ちたんやな）

この橋は以前から飛び込み自殺が多かった。若い人よりも高齢者が多く、また、子供の転落事故も頻繁に起きていた。

川の周りに集まる近隣住人の顔も「またか」という表情である。

ただ、そういう場所だからか、見間違いや勘違いによる誤報も多く、橋に靴だけを残して自殺を装うといった悪戯《いたずら》もある。当然、そのたびにこうして警察がきて大捜索をする。一時間ほど捜索して遺体が見つからないと誤報と判断するのか、静かに引きあげていく——そんな光景を何度か見たことがあった。

どうしてこんな場所から飛び降りるのかと、エリさんは不思議でならなかった。

これといって景観がよい場所でもなく、水がきれいということもない。ただ淡々と流れているだけのつまらない川である。誰へ手向けられたものかもわからぬ花。無造作に置かれた小さな地蔵。悪戯か、落とし物か、欄干《らんかん》のうえに片方だけ置かれている子供の靴。通勤で毎日この橋を通っているが、朝日の下で見ても陰気で憂鬱な場所であった。

自分が飛び込むのなら、ぜったいにこんな場所は選ばないなと思いながら橋に向かった。コンビニへ行くには橋を渡る必要はないのだが、事故か誤報かが気になっていた。

警官たちが橋から川を見下ろしながら、なにやら話している。その後ろを会話に耳をそばだてながら通る。

「もう見つからんでしょ」

「先々月と同じだよ」

そんな声が聞こえてきた。その声に緊張感はまるでなく、気怠《けだる》そうである。どうやら、また誤報のようだ。

よかったような、肩透かしのような、微妙な気持ちだった。

橋を渡るとコンビニまで遠回りになるので引き返してもよかったが、風が気持ちいいので少し散歩をしたくなって、堤のほうへと歩を向けた。

川沿いの道は街灯がなく、暗すぎて夜に散歩するには適していない。だから、人通りもほとんどない。

川のほうから時々、どぼんと水の跳ねる大きな音がしてエリさんを脅かす。フナか鯉《こい》が跳ねているのであろうが、夜闇と水面の境がわからないほど川は暗く、なにも見えない。

急に静かになった気がして橋を振り返ると、ライトの光が消えている。

警察も消防も引き上げてしまったのだろう。

自分もそろそろコンビニへ行って帰ろうかと踵《きびす》を返した時だった。

川のほうから、水を叩くような音がした。

魚の跳ねる音とは違う。

堤の際に立って、暗い川面によく目を凝らしてみる。エリさんの場所から五、六メートルほど離れた川面から、細く長い影が二本伸びていて、それが慌ただしく動いている。

腕だった。

誰かが溺れているのである。

助けを呼ぼうと橋のほうに走りかけたが、もう警察の人たちは残っていないかもしれない。ここは通報だとスマホを手に取った、その時。

水を叩く音にまじって、なにかが聞こえた。

子供の声である。

助けを求める声でもなく、悲鳴でもなく、水を飲んで苦しみに喘《あえ》ぐ声でもない。

笑っていた。

げらげらと。

かわいらしさなどまるでない、子供の厭らしい部分が滲《にじ》みでた、不快で生々しい笑いだった。

水を叩くような音が、ぴたりと止む。

笑い声も、ぴたりと止む。

二本の腕の影はなく、川面に西瓜《すいか》ほどの丸い影が浮かんでいる。

その影が、ずいっと、エリさんのほうに寄ってきた。

家に帰ったエリさんは、腰が抜けたようになって玄関に座り込んでしまった。

風呂上がりの弟がタオルで頭を拭きながら不思議そうに「なにしてんの」と半笑いで訊いてきた。エリさんは川であったことを弟に話した。

「それ河童《かっぱ》やん」

弟は笑った。

「マジか。警察、河童さがしてたん？」

腹が立ったエリさんは弟の腕を掴むと、目撃した場所まで戻った。

もう川にはなにもおらず、水を叩くような音も笑い声も聞こえなかった。

「もうっ、なんでおらんのよ」

「ええなぁ、おネエ。河童なら、おれも見たかったわ」

「あほか、そんなもん、この世におるわけないやろ」

「それがおるんやって。この川で河童が人とか馬をひっぱりこんで悪さしたって、なんかの本で見たで。まあ、河童なんてどこにでもある伝説やけどな」

それに、と弟は続ける。

「河童やなかったら、おネエの見たそれ、幽霊ってことやで」

エリさんは河童も幽霊も信じていないが、この時はそうであってほしいと願った。

おそろしい想像をしたからである。

あれは、溺れている子供だったのでは、と。

夜中に川で泳ぐ子供はいない。だが、誤って落ちることはある。実際、この川では過去に子供の水難事故が何件も起きている。塾の帰りに寄り道し、川で一人遊んでいた子供が誤って転落――ない話ではない。

溺れている子供を見殺しにしたのかもしれない。

その子供は、自分を見殺しにする人間を見ながら沈んでいった。

もし、川から子供の死体があがってしまったら……。

そんな事態にならないことを祈っていたが、翌日になって弟から「川で死体があがったみたいやで」との報告を受けた。

遺体が上がったのは、あの晩、エリさんが歩いた堤のすぐそばであった。

だが、死体は子供ではなく、大人の女性であった。

近所に住む四十代主婦で、数日前に行方がわからなくなっており、家族から捜索願がだされていた。自殺の線は薄いらしく事故とのことだが、彼女が川へ行った理由は家族もわからなかったそうである。

「きっと、河童の仕業やで」

弟はいった。

摘み取る手

専門学校に通いながら一人暮らしをしていた頃のことだという。

アパートの一階に住んでいたゆかりさんは、いつも二階の足音に緊張させられていた。上の階に引っ越してきた男性は、健康状態が心配になるほどの肥満体型であった。その体で移動するたび、どっすどっすと重たそうな音を下まで響かせる。アパート全体がぐらぐらと揺れるほどの振動で、これがけっして大げさな表現ではなく、各部屋からもオーナーの元に「地震みたいだ」と苦情がいっていたという。

アパートも古いというのもあったのだろうが、彼が転居してくるまでは二階から足音など聞こえてきたことはなかった。彼の足音が規格外なのである。

これではいつか天井に穴があいて、住人もろとも二階の部屋が落ちてくると、足音が聞こえてくるたびにゆかりさんは戦々恐々としていた。

歩くだけでもこのレベルなのに、時々、ダンスでも踊っているのかというほどの激しい音と振動がすることもあった。

それが始まると天井から埃《ほこり》がパラパラと落ちてきて、何度か食事がだめになった。

学校から帰ると台所の戸棚が開いていて、そこから落ちたコーンフレークの袋が中身を床にぶちまけていた。気に入っていた壁掛け時計が落ちて壊れた。きれいに飾りつけていた陶器製の猫のオブジェがみんな棚から落ちて砕け散った。被害は深刻であった。

こんなことが毎日続けばノイローゼになってしまう。

本人に苦情をいえば、逆恨みされてなにをされるかもわからない。

本気で引っ越しも考えたが、金銭的にそんな余裕はない。

どうにもできず困り果てていた、そんなある日の朝。

部屋の壁の下のほうに、黒い筋があることに気づいた。

ヒビである。

こんなものは昨日までなかった。あれば気づいたはずだ。

いつのまにできたのだろう。

まさか——。

天井を見上げた。

次の日の朝、壁のヒビは大きくなっていた。

昨日見た時は長さ十センチほどの一本の縦ヒビだったが、三十センチほどに伸びており、二本に枝分かれしてYの形にひろがっている。

やはり、二階の住人のたてる振動でできたのだ。

いよいよこわくなって、学校へ行く前にアパートのオーナーに電話をした。

「うちも古い建物だけど、そんなことは今までなかったけどねぇ。よほど強くぶつけたりしないと、壁にヒビなんてできないよ」

老オーナーはどうも、ゆかりさんが壁にテーブルの角でもぶつけたのだろうと疑っているようだった。対応も積極的でなく、向こうから修繕の申し出もない。なんなら、そちらでなんとかしてくださいという空気を電話越しに醸しだすのである。

普段の生活費でさえぎりぎりなのに、こんな馬鹿々しいことに金を使えない。他の住人の問題で生じた破損の修繕は、オーナー側が負担するものなのではないのか。契約書にはなんと書いてあったか確認しなければ――。

「また連絡します」と怒り気味にいって電話を切った。


その夜から、ゆかりさんは原因不明の寝苦しさに何度も夜中に目が覚めた。

布団に入って目を閉じ、意識が遠のきかけると、急にぞくぞくと厭な感覚に襲われ、とても眠ってなどいられなくなる。そのまま朝まで眠れないこともあった。

ただ、良いこともあった。騒音問題が改善されたのである。

二階の住人が嘘のように静かになったのだ。

オーナーが注意してくれたのだろう。しかし、せっかく静かになったというのに眠れないのは困ったものだった。


ある日に帰宅すると、新たな問題が生じていた。

壁のヒビが増えている。

Yの広がったところから、さらにヒビが増えて熊手のようになっている。また、Yの「V」の部分に四辺が一・五センチほどの菱形の穴ができていた。

騒音や振動がなくなっても、それまで蓄積されたダメージで部屋には崩壊の危険が迫っていたのである。

すぐに壁を修繕してもらえるようにオーナーにいわねばならないが、電話をするにはもう遅い時間だった。明日まで壁がもってくれるか不安だった。

その夜は部屋の中央にいるのを極力避け、壁から離れた場所に布団を敷いて寝た。

——が、とても眠ることなどできなかった。不眠と壁崩落の恐怖にくわえ、夜半過ぎから、上の住人の騒音が再開したからである。

しかも、今度はこれまでとは比べものにならないほどの音と振動であった。

ハンマーで壁を壊しているのではないかと思うほどで、この部屋どころかアパート崩壊の危険が迫っていた。

もうこの部屋も限界だ——と、壁に目を向けた。

——あれ？

ゆかりさんは、何度も目を瞬《またた》かせた。

こんなだったっけ？

このヒビ、こんなに厭な形してたっけ？

壁のヒビは、床から生える黒い腕のようだった。

節くれだった四本の指を広げ、上にあるものを掴もうとしているように見えた。

いや——掴んだ。

上に向けてひろがっていた四筋のヒビが、開花の逆再生のようにすぼまったのである。

ゆかりさんの目には、黒い手がなにかを摘み取ったように見えた。

そして、拳を握るような形になると、なにかが潰れたような、水っぽい嫌な音がした。

直後、外から断末魔のような声が聞こえてきた。


その夜、近隣住人たちの見守るなか、二階の部屋の住人は救急車で運ばれていった。

彼は癲癇《てんかん》持ちであり、夜中に突然、発作に襲われたのである。

苦しさから七転八倒し、その音に腹を立てた一階の住人が彼の部屋に怒鳴り込みにいき、異変に気づいて通報した——とのことだった。

四本指の黒い手が握り潰したものは、二階の住人の命だったのかもしれないと、ゆかりさんはいう。

あのなにかが潰れるような湿った音が、今もまだ耳に残っているそうだ。

松村進吉
Shinkichi Matsumura

松村進吉（まつむら・しんきち）
1975年、徳島県生まれ。2006年「超-1/2006」に優勝し、デビュー。2009年から老舗実話怪談シリーズ「超」怖い話の五代目編著者として本シリーズの夏版を牽引する。主な著書に『怪談稼業 侵蝕』、『「超」怖い話 ベストセレクション 奈落』など。近著共著に丸山政也、鳴崎朝寝とコラボした新感覚怪談『エモ怖』がある。

宇宙人

半年ほど前まで、瀬戸さんの会社にいた同僚の話。

「ちょっと変わった子で——何か、自分には幽霊が〈見える〉っていうのを、凄く言う子だったんですね。アピールするというか」

ここでは名前を仮に、沖井さんとする。

「私はいつでも幽霊の話がしたいんです、みたいな。でも、それ以外では普通の子でした。仕事もちゃんとしてたし、付き合いも悪くないし」

会社の女性らは概《おおむ》ね、そのような話も嫌いではなかったので、ふんふんと話を聞いたり、時には怖がったりしていたのだという。

——去年の秋。

瀬戸さんの勤める卸《おろし》会社には、社員旅行のようなものは特になく、男女それぞれが気の合うグループで集まり、有給をとり、少人数ずつ旅行に出るという形になっている。

一応トラブルを避けるために、男女混成は禁止とだけ決められていた。

「……で、ああいうグループって、一度決まると基本的にずっと同じなので」

それなりに気の合う同期がふたり。

沖井さんと、唯一の既婚者で富田さんという女性は、後輩である。

瀬戸さんらは毎年、この女性五人組で、国内各地に出かけていた。

昨年度は相談の結果、九州某所の著名な温泉宿に泊まる予定を立てた。


——瀬戸さんは出発前の時点から、富田さんの様子が変だなとは感じていたようである。

「なんていうんだろう。ちょっと、無理してる感じがあったんです。旅行が近づいてくると段々、それがハッキリしてきて」

行けないかも、ひょっとすると今年は無理かも、とそれとなく零すようになった。

気さくな娘《こ》なので冗談めかして言っているが、何かの予防線のようにも取れる。

家で何かあったのだろうか。ご両親の具合が悪いとか、旦那さんと不調だとか、そんな話は特に聞いていないが――あるいは、金銭的な問題だろうか。

しかし積み立て金の管理をしていたのは瀬戸さんで、毎月の預かりの際にも、格別無理をしているようには感じなかった。

もしかすると、人間関係。

自分達の誰かと、ぎくしゃくしているのか。

そう思ってからは注意して、仕事中の富田さんを観察してみたところ――なるほど、何とはなしにだが、気にかかる部分が見えてきた。


デスクに向かう富田さん。

その背後から、「ねえねえ富田さん」と、沖井さんが声をかける。

すると一瞬、極僅かだが富田さんの頬にキュッと緊張が走り、肩が上がる。

パッ、と振り返った時にはいつも通りの、茶目っ気のある笑顔に戻っている。

瀬戸さんのイメージとしてはまるで「沖井さんにお金でも借りているような」、微妙なビクつき方であったという。

あのふたり、何かあったんだな、と彼女はアタリをつけた。

勿論《もちろん》余計なお節介を焼く気はないが、一応は把握しておかないと何があるかわからない。十一月に入り、いざ旅行の日が迫ってくると――今後の関係を気にしてだろうか。富田さんはやっぱり、旅行には行くと宣言した。が。

「仕事終わりにこっそり、私だけ彼女に呼ばれて。ご飯食べに行ったんです」

案の定、相談があるという。

「――瀬戸さん、鋭いから。多分わかってるかも知れないですけど……、あたしちょっと、沖井さんに苦手なところがあって」

「うん、そうなんだね」

「嫌いとかじゃないんです全然。それはホントに、いい人だと思うし」

「うんうん、わかってる」

きっと、グループの中では一番自分に気を許してくれているから、こんな話をするのだろう。あまり陰口を言うタイプの娘ではないから、本当に困っているのだ。

そんな頼みを無下にはできないし、どうにかしてあげたい、と思う。

「遠慮しないで、なんでも話してみてよ。今度の旅行でもできるだけ、富田さんが安心できるように配慮するし」

　そう微笑みかけると、硬い笑顔でこちらを見つめていた後輩のその目が一瞬、じわッと潤《うる》んで――瀬戸さんはハッとする。どうやら状況は、予想外に深刻のようだ。

※

　夜、ふたりで呑みに行ったのだという。

　富田さんと沖井さん、女ふたりの親睦会《しんぼくかい》である。

「先々週です。前から時々行ってたんですけど、この間は何か、沖井さんが急に」

――あたし、守護霊代わったんだ～！

　そう、自慢げに話し始めた。

　えっ？　と、富田さんは訊き直す。

――前の守護霊、どっか行っちゃったんだけど。今度のは何か凄くて、ねえ富田さん、今どんなのが居るかわかる？

　勿論わからない。そもそも、何を言い出したのかがわからない。

「守護霊って代わるもんなの？　って訊いたんです。そういうの、よく知らないから」

――普通は代わんない。でも何か、あたし凄い珍しいのに交代されちゃって。

話す声が大きく、富田さんは思わず周囲の席を気にする。

「ふーん、そっかーって流そうとしたんですけど、話変えようとするととても厭そうな顔したので」

仕方なく「で、どんな人なの今」と訊ねてみた。

――へへっ。実は、グレイ。宇宙人なんだよ！


それはあの、〈銀色もしくは白色の肌〉を持ち、〈小柄〉で〈巨大な黒目〉の、リトルグレイ型異星人――という意味であろうか。

正直なところ富田さんは、冗談だと思った。だから笑った。

――嘘みたいだけど、本当なんだって。ちょっとこっち来てみてよ。

ややムッとした顔の沖井さんに手を引かれ、彼女はお手洗いに立つ。

薄暗い居酒屋のトイレ。狭い手洗い所には、大判の鏡。

沖井さんはその前に陣取り、自分の少し後ろに、富田さんを立たせた。

──このくらい暗ければ、大丈夫だと思う。いい？

──一瞬だから、よく見ててよね。行くよ。

フッ、と突然鋭い速さで沖井さんがしゃがんだ。鏡から姿が消える。

その残像にも似て、一瞬。ほんの一瞬。

ぽかんととり残された自分の鏡像の、腹の前辺りに、白い球状をした頭がフワッと浮かんで滲み──消えた。

思わず「うわっ！」と野太い声を上げ、富田さんは逃げ出した。

それは薄暗がりが見せる、単なる錯覚などではなかった。

「白っぽい顔の中になんだか物凄く大きい……、普通じゃない、黒目が見えたんです」

あれは本当に宇宙人かも知れない、と富田さんは認めた。

そして急に、耐えられないくらい、沖井さんが怖ろしくなった。

※

「そっか……。本人に悪気はないのかも知れないけど、確かに何か、怖いね」

「あたし幽霊とか見たの初めてだし、もう、どうしようと思って」

富田さんは本当に怯えている。自分が見たのは「グレイの幽霊」だと、信じ込んでしまっている様子である。よほど不意打ちだったのだろう。

対して瀬戸さんは、どこか醒めた心境で彼女の話を聞いていた。

やはり残像か何かが、暗いところでパッと、そのように見えてしまっただけなのではないか。別に、霊を信じないわけではないのだが――流石に、宇宙人と言われても。

「そういう、鏡の前で素早く動くみたいなことをすると、誰でも見えるのかな」

「わかりません。確か、このコは鏡に映りやすい、みたいなことを言ってた気もします」

「そっか、あはは……」

苦笑するしかない。

さて、富田さんが抱える喫緊《きっきん》の問題は、どうやら旅行の際の部屋割りらしかった。

何年か前、五人でひとつの部屋に泊まった際、まるで修学旅行か何かのようにぎゅうぎゅうに押し込められて不自由をしたことがあったので、以来彼女らは三と二に部屋を分かれ、予約するようにしていた。

その分け方は当然、瀬戸さんら同期三名と、富田さん沖井さんの二名となっている。

「あたし、正直、沖井さんとふたりでいられる自信が……。でも瀬戸さん達と旅行にも行きたいし、もうホントどうしようって」

「なるほど、よくわかった」

そういう悩みだったのか。ならここは自分が、一肌脱ぐしかあるまい。


旅行当日。

新幹線で九州に入り、五人は燃え盛らんばかりに紅葉した、行楽地を巡る。

凄いね、シーズンど真ん中だったねと話しながら歩く瀬戸さんの横にピッタリと、富田さんが添っている。

——最近ちょっと悩みごとを相談されたりして、富田さんも私を頼ってくれてるから。

今回、あの娘と一緒の部屋に泊まっていい？

そう、瀬戸さんは同期のふたりに頼んだ。勿論まんざら嘘ではないし、こういう話はある程度ぶっちゃけてしまった方がすんなり行くからである。

同僚ふたりはやや驚いた様子だったが、特に勘繰《かんぐ》る様子もなく——瀬戸さんは、沖井さんに対しても同様に説明し、納得してもらった。

重荷がなくなり、安心した富田さんの顔といったら、思わず本当に頭を撫でてやろうかと思うほどであった。

五人はわいわいと、秋の景色を満喫する。

さて、初日はすぐ夜になり、彼女らは目当ての温泉宿を訪ねる。

目を見張らんばかりの絶景に望む露天風呂が売りだが、その景観は、明日の朝までお預けである。

入浴と、部屋での食事は、皆で揃って楽しんだ。

「……瀬戸さん、ありがとうございました。勇気出して相談して、よかった」

ふたり部屋に入ってから、富田さんが改めて礼を言った。

全然気にしないで、明日も明後日もあるから楽しもうねと、瀬戸さんは笑う。

――こうして無事、旅行が終われば何よりであったのだが。

事件はその日の夜、起こった。

ぐおおおッ、とくぐもった悲鳴のようなものが隣室から聞こえ、瀬戸さんは飛び起きる。

真夜中、午前0時過ぎ。寝入りばなである。

富田さんも隣の布団に身を起こし、「今のなんですか」と怪訝な声を出した。

部屋の電気を点けたのと同時に——何やら激しい物音と共に、ゴッゴッゴッッ、とドアが乱暴にノックされた。

「せっ、瀬戸ちゃん開けて。開けて！」

「もうやだなんなのよ、瀬戸ちゃん！」

慌てて布団から飛び出し、ドアの鍵を開けるや否や。

どっ、と浴衣姿の同僚ふたりが転がり込んで来た。

「あの娘なんなの？　もうどうにかして、助けて！」

「ちょっと、な、何があったの。落ち着きなって」

「あの娘ヘンだよ、怖い、もう無理！」

軽い恐慌状態にあり、事情が聞ける雰囲気ではない。

瀬戸さんは立ち上がった。ハッ、と富田さんがこちらを見るのがわかった。

駄目、行っちゃ駄目と服を掴む同僚らを、大丈夫だからと何度もなだめて、瀬戸さんは隣室へ向かった。

真っ暗な部屋の真ん中に、沖井さんが座っている。

廊下から差し込む光は届かず、顔は見えない。その身体の輪郭すら定かではない。

「――沖井さん。どうしたの」

声をかける。

しばしの沈黙。

「……なんでもありません」

「なんでもないことないでしょ、何があったの。ちょっと、電気点けるよ……」

部屋に入り、布団を踏んでパチン、と電灯のスイッチを入れた。

誰もいなかった。

瀬戸さんはギョッとして、目を見張る。

視界の端に浴衣が揺れ、慌ててそちらを向くと部屋の隅に、沖井さんが立っていた。

「なんでもありません」

酷《ひど》く引き攣《つ》った死相のような笑顔が、その顔に固着していた。

――その後の旅行は、取りやめになったという。

沖井さんは翌朝「帰ります」と言い、ひとりで荷物をまとめて出て行ってしまった。

同僚らも到底観光の気分ではなく、簡単に食事だけをし、残りの日程は全てキャンセルとなった。

「結局、彼女達から話が聞けたのは、有給が終わってからだったんですけど」

どうやらあの夜、沖井さんが例によって、何かを見せようとしたのが原因らしい。

――私、ちょっと変わった守護霊がついているんですよ。

――宇宙人なんです。小さなリトルグレイが、いつもそばにいるんです。

――先輩達にも見えますよ。部屋の電気、小さいのにしてもらっていいですか？

そう言って、沖井さんはカーテンを全開にした。

大きな窓ガラスに映る、客室の鏡像。

外を向いて立つ沖井さんと、その後ろに座っている同僚ふたり。

――行きますよ、一瞬ですよ。

バッ、と沖井さんが浴衣をひるがえして、その場で半回転した。

次の瞬間バタン、と振り払われたかのように、小さな人影が彼女の後ろで倒れた。


子供の白骨であった。


ぎゃあああぁッ、と同僚らは悲鳴を上げ、部屋から飛び出した。

「それからはもう、あっという間に噂が広まって。彼女を相手にする人が居なくなって、……とうとう半年前に辞めちゃったんです」

富田さんも今では、「もうあの人の話はやめましょう」とハッキリ言うようになった。

気の毒だなとは思うが、やはり仕方ないような気もしている。

彼女は自分自身で、宇宙人だと信じたかったのではないだろうか。

ひょっとするとそれを宇宙人だと思わないと、耐えられなかったのではないか——。

今となってはそんな風に、思ったりもするそうである。

終の棲家

西野さんのお祖母さんは、郊外でひとり暮らしをしているのだが、隣の家が怖いという。

そこは十年以上も空き家で、庭には背の高い雑草が生い茂っている。

植木も野放図に枝を伸ばし、薄暗い影で敷地全体を覆っている。

当然、人の気配などはない。

――なのにしばしば、汚れて白く曇った窓ガラスの向こうに、誰かが立っているらしい。

それがどうやらご近所の、最近亡くなった知り合いのようなのだ、とお祖母さんは言う。

ある家でお爺さんが亡くなると、しばらく経ってからガラス窓の向こうに、そのお爺さんらしき人影が立っている。

別の家のお婆さんが亡くなると、今度はその人が――。

気のせいだとか、見間違いだとかで済ませられる話ではなかった。

汚れたガラス越しに窓の外を眺めているので、その目鼻までは判然としないが、明らかに「ああ、あの人だ」とわかる背恰好、髪型。そしてよく着ていた色の服。

しばらくすると、それらの人影はスウッ、と部屋の奥に下がって消える。

物音などは一切しない。

あとにはいつも通りの、静まり返った廃屋が佇むばかり。

西野さんのお祖母さんは、どこかの家で葬式があるたびに、ハラハラしながらその窓を確認するのが、習慣になってしまった。

恐ろしいからである。

恐ろしいから、見てしまう。

――また、いるのではないか。

薄暗い部屋の中からこちらを眺めているのではないか。

そもそも思い返せば、その家が空き家になった経緯にも、奇妙なところがあった。

元は町内の、とある家の次男が実家を出て、新宅として建てた家である。

はじめは夫婦ふたり、やがて娘がふたり生まれて、一家四人で暮らしていた。

しかし、ある時から奥さんが、聞きなれない名前の新興宗教に没頭しはじめ、娘さんらが高校生と中学生になる頃には、一家全員で熱心に、それを信仰するようになった。

西野さんのお祖母さんも、何度かその新興宗教に入らないかと勧誘され、断るのに苦労したらしい。彼ら曰《いわ》く、それを心から信じて日々励んでいれば、「死ぬことが怖くなくなる」のだ、と。

——今になって思えばその言葉も、どこか、不気味なものに思われる。

一家はやがて、隣近所になんの挨拶もなく、フッと居なくなった。

実家のほうでも「あそことは縁を切った」と言うばかりで、詳しい事情は誰にも話そうとしなかった。

空き家になってからほどない頃、一度だけ、何かの業者が来て建物をあらためている様子だったが、その時ちらりと見えた様子では、家財道具の類は一切残されておらず、どの部屋も完全にもぬけの殻だったそうである。

去年近所で、登校中の小学生の女の子が、車に撥ねられて亡くなってしまった。するとその次の週に、赤いランドセルを背負った小さな人影が、あの汚れた窓ガラスの向こうをとぼとぼとぼ、と横切っていくのが見えた。

生前はどこかですれ違えば、「おはようございます」「さようなら」と必ず挨拶をしてくれる、元気な可愛い子だったのに――その空き家で見た姿はひどい猫背で、黒髪の頭が今にも外れそうに、グラグラと揺れていた。

その女児は事故の際、首が折れて死んでしまったのだと、しばらく経ってから聞いたという。

――いったい今、あの家には、何人くらいの死者が棲み着いているのだろう。

自分も死んだら、あの家に行くことになるのだろうか。先に亡くなった町の人々と共に、あんな薄暗い家の中に、閉じ込められてしまうのだろうか。

ああ。そう思うと、とても怖いんだよ――と、お祖母さんは怯えている。

お泊り

吉見さんが就職のために上京し、ひとり暮らしを始めて、まだ間もない頃の話。

「地元の友達のサヨコが、一度泊りに来たいって言ってて」

来るのはいいけど、色々案内は出来ないよ、私だって引っ越したばかりなんだし――。

そう答えると「いいのいいの、泊めてくれるだけで」と、軽く返された。

二泊三日ほどの予定で、買い物やら食べ歩きやらをするつもりだが、もし吉見さんが仕事で忙しいようなら、ひとりでブラつくから問題ないと言う。

要は東京見物の、ホテル代わりである。

吉見さんは苦笑するしかなかった。

「なにそれ、って思いましたけど。まあ、サヨコとはそのくらい気心も知れた仲だから」

はいはい、だったら好きにしていいよ、と承諾した。

――とは言いながらも、やっぱり折角遠方から来るのだし、と簡単な寝具や食器は準備した。だらだらと夜更かししてしまうのも目に見えていたので、つまめるお菓子の類もそれなりに買い込んでおいた。

楽しみだったのだ。

慣れないワンルームマンションでのひとり暮らし。

新生活で知り合いは次々と増えてゆくが、今までの人生には縁もゆかりもなかった土地である。心細いことに変わりはない。

やっぱり昔からの友達に会えるのが、一番安心する。

サヨコさんの顔を思い浮かべながら、いそいそと支度をしてあげることは、ちっとも苦には感じなかった。

さて、そしてお泊りの当日。金曜の朝。

朝食を食べていると電話が鳴り、スマホ画面を見れば、サヨコさんである。

『……あ、もしもし？　ごめん、ちょっと家がバタバタしてて、そっちに行くのが遅れそうなんだ……。もしかしたら、明日になっちゃうかもしれない』

「えっ、そうなの？　バタバタって、大丈夫？」

『うん……、まだわかんないんだけど。とりあえずまた、電話するね』

残念だった。

今日は、吉見さんが仕事終わりに新幹線の駅まで迎えに行き、そのままこの部屋へ案内する予定でいたのだ。

まぁ、明日になったとしても来られるなら、まだ良いが……。

このまま中止になってしまったら寂しいな、と彼女はうな垂れた。

吉見さんは、張り合いを失ったような気分で出社した。

午後になっても電話は来ない。

仕事を終えて帰宅し、いよいよ諦めかけたところで――「ピンポ～ン」とインターホンが鳴った。

「――ごめ～ん！　お待たせ！」

「ええっ……！　サヨコ、家は大丈夫なの？」

「うんうん、もう平気。泊りに来たよ」
サヨコさんは大きな旅行カバンをふたつも提げて玄関に立っていた。
二泊の予定にしては随分と大荷物だ。
すでに陽は落ち、マンションの外は濃紺の夜に覆われ始めている。
とりあえず入って入って、と吉見さんは彼女を招き入れた。
短い廊下でどすんとカバンを下ろし、物珍しそうに室内を見回すサヨコさん。
——そこからは、友達ならではの軽口や悪態の応酬である。
ああ良かった、久しぶりに会えて嬉しいな、と気持ちも軽くなる。
ふたりは狭いワンルームで、荷物も解かずに雑談に花を咲かせた。
そうやって三十分ばかりも話した頃だろうか。
ふいにルルルルルルルルル、と吉見さんのスマホが鳴った。
あ、ちょっとゴメンね、と画面を見ればそこに「サヨコ」と表示されている。
「……？」
吉見さんは首を傾げる。
一瞬、自分が何を見ているのかわからなくなる。

これは着信だ。サヨコからの。

なら、出なければ。

「……あ、ちょっとゴメン、これ出る」

「うんうん」

サヨコさんは笑顔で頷く。

吉見さんは立ち上がり、廊下の方へ数歩離れた。

部屋に背中を向けたまま、電話に出る。

「……もしもし?」

『……あっ、ごめんね吉見、あたしだけど』

「サヨコ?」

『うん。実は昨日の夜、お祖母ちゃんが入院しちゃってさ……。どうしようかなって思ってたんだけど、やっぱり今回は遊びに行くの、やめとこうと思って』

「……あ、そうなんだ」

『急に申し訳ない。ごめんね』

「ううん。お祖母さん、早くよくなると良いね」

『うん、ありがとう。それじゃあ、また連絡するから……』

吉見さんは通話を切る。

画面に、一分三十秒ほどの通話の履歴が残る。

ドッ……、ドッ、ドッドッドッ、ドッドッドッ、と身体が揺れ始めたような気がしたが、それは自分の心臓が暴れ出したため。

額に汗が滲んでくる。

——廊下に立ったまま、振り返ることができない。


何これ。おかしいよ。

サヨコはここにいるのに、どうして電話が。

いや——逆だ。

あの子がまだ地元にいるなら、どうしてここに、サヨコが。

視界の隅でモソリ、と動いたものが見えて吉見さんは咄嗟に振り向く。

するとリビングの真ん中に、まったく知らない赤の他人のおばさんが座っている。

多分、五十代。路上生活者のような薄汚れた重ね着で、髪もボサボサ。

その女性は、テーブルの上のお菓子をひとつまみ口に入れ、まだらに日焼けした顔をこちらに向けて「うん……？」と、首を傾げた。

吉見さんはすぐさま部屋から飛び出したという。

近所のコンビニまで駆けて行き、スマホを握ったままだったのでその場で、警察に電話をした。

震える声で「知らない人が部屋にいる」とだけ説明したところ、すぐに制服姿の警察官が二名駆け付けてくれたので、一緒にマンションへ戻った。

道中「空き巣ですか」と訊かれたが、どう言えばいいのかわからない。

「友達だと思って……、ドアを開けたら」

「ドアを開けたら、勝手に入り込んで来たんですか？」

「いえ、その……」

玄関は警察官が開けてくれた。

しかし室内にもう、女の姿は無かった。

「……いませんね。逃げたのかな」

困惑する吉見さんの隣で、警察官は無線を使って、どこかに連絡し始める。
大量の泊り荷物はまだ廊下に置いてある。
しかしよく見れば、それはどちらも、満杯のゴミ袋に変わっていた。
警察は証拠品として、そのゴミ袋を持って帰ってくれた。
交番で別の警察官が「またか」と言ったのが、吉見さんは少し気になったらしい。
結局のところその女についての詳細は、不明のままである。

太鼓

　宇佐美さんが二十代の頃の話という。

「もう結構うろ覚えになってて、細かいところは忘れちゃったんですけど……」

　その日は休日で、彼女は車の助手席に友人を乗せ、どこかへ出かけていたらしい。買い物か、それとも映画鑑賞か。いずれにせよふたりで何かの用事を済ませ、帰途についたのは夕暮れ時。

「……確か、私じゃなくて矢野のほうが言い出したんだと思うんです。この近くに、例のトンネルがあるよねって――」

「――例のって、あのヤバいやつ？」

「そうそう。キューキュー、なんだっけ。キューキュー……」

「旧旧●●トンネル」

「それそれ。ちょっと寄ってみない？」

「まじー？　肝試しってやつ？」

「それそれ。折角近くまで来てるし、ちょっと肝試さない？」

「まじー？」

ふたりの車は国道から逸れ、山あいに入ってゆく。

あっという間に対向車がなくなり、左右に生い茂る緑が日暮れを加速させる。

この先は行き止まりではないかというような、曲がりくねった狭い道を右へ左へと進み
――やがて、突然目の前の山肌にぽっかりと、古いトンネルが姿を現す。

「うわぁ……」

既に太陽は沈み、僅かな残光が黒々とした森の上辺を照らすばかり。

ヘッドライトの明かりすら呑み込む深い深いトンネルに、ふたりは言葉を失った。

永らく通る者もいない、打ち捨てられた黒い隧道《ずいどう》――。

宇佐美さんはシートに背中を預けたまま、ちらりと友人を見た。

「……どうしよう。思ったより、キモいね」

「確かに。肝が試されてる感ある」

「……無理じゃない？」

「うん、無理かも」

とても車から降りる気になれない。

そもそも女ふたりだけで山に入ったこと自体、心細い。

すぐそばには廃屋じみた建物もあり、到底長居したい場所ではなかった。

一応見るだけは見たんだし、もう帰ろうか、と言いかけた、その時。

「待って……」

矢野さんがハッとした様子で顔を上げ、トンネルを凝視した。

「なんか、太鼓の音がしない？」

「……太鼓？」

宇佐美さんは首を傾げる。

耳をすましてみたが、特に何も聞こえない。

「わかんない。自分の心臓の音じゃないの？」

「……なんか、ヤベー気がしてきたかも。帰ろ。早く」

自分が来たいと言い出したにもかかわらず、矢野さんは青褪めた唇を震わせた。

こちらを向いて、ギュッと宇佐美さんの腕を掴む。

その冷たい手も、震えている。

※

――それから数日後のことだという。

夜、自室でパソコンに向かっていると窓がガタガタ揺れた。

風が強い。

横殴りの風が、住宅街の上をびゅうびゅう吹き抜けてゆく。

いったいどこからこんな強い、鋭い風が吹いて来るのだろう。

なんだか不安だなと思っていた宇佐美さんは、ふとその音の中に、聞きなれない妙なトーンが紛れていることに気づいた。

声である。

気味悪く掠《かす》れた、女の声。

「んん……？」

キーボードに置いた手を止め、窓に目をやる。

それは力なく、嘆くように、あああぁぁぁぁぁ――と遠くの方から聞こえてくる。

息継ぎもないまま異様に長々と尾を引いて、聞いているこちらの方が苦しくなって来た頃にようやく、ふっと止む。

ほっとしたのも束の間、ひとつふたつ強い風が吹いたかと思えば、その後ろでまた――啾々《しゅうしゅう》たる哀哭《あいこく》が始まっている。

宇佐美さんは「気のせいだ。きっといつもと風向きが違うからそんな音に聞こえるんだ」と自分に言い聞かせ、両耳をヘッドホンで塞いだ。

そして、その日の夜更け。

彼女はゾッとするような悪夢を見た。

――暗い暗い隧道の入り口に、白装束の老婆が立っている。

その着物は地面から這い出してきたかのような泥だらけ。

縮れ、乱れ切った真っ白な蓬髪《ほうはつ》。

皺だらけの顔の中に落ちくぼむ目には、異様な執念が凝り固まった、鈍い光。

そして——片手持ちの太鼓をドン、ドン、ドンと叩きながら、まっすぐ前を向いて苦悶の表情で、呻吟《しんぎん》するように、何ごとかを唸り上げている。

何を言っているのかはわからない。

少なくとも現代の日本語ではない。祝詞《のりと》か、念仏か。

あるいは老婆の狂った頭の中で紡がれた、長い長い恨み言か。

決して見てはいけない祭祀のような、独特のリズムと節回し。

宇佐美さんはその声と姿に震え上がり、逃げ出したいと思ったのだが、そもそも逃げる脚がなかった。夢の中にはただ彼女の視点だけが存在しており、移動すらできない。

いやだ、怖い、離れたい、と焦っているうちに——。

何故か段々、その老婆が詠《うた》ういくつかの単語の意味が、拾えるようになってきた。


曰く、子々孫々に至る迄。

曰く、この恨みが残り続けるように。

曰く、もがき、苦しみ続けるように。

——曰く、そこにいる、お前も。


「……ううあぁぁッ！」

ガバッ、とベッドで跳ね上がった時には、額にびっしり汗が滲んでいた。

酷い寒気がして、全身がぶるぶる震えている。

真っ暗な部屋の中に、太鼓の残響が消えていく——。

「い、いやだ、いやだいやだ……」

あのトンネルだ。

あんなところに行ったせいで。

宇佐美さんはしばらくの間、ひとり、布団の中で怯え続けた。

※

翌朝になってようやく、ただ怖い夢を見ただけかも知れないとも思えるようになったが、それで不安が解けたわけではない。気分がすぐれないまま仕事に行って、ぼんやりと昼休みを過ごしていると、ケータイが鳴った。

　矢野さんからである。

「……どうしたの？」

『……ごめんね急に。実は昨日、なんか嫌な夢見ちゃったもんだから……』

「えっ？」

　聞けばそれは、宇佐美さんが見たのとそっくりな内容で、トンネルから響く太鼓の音に矢野さんがじっと耐え、「怖い怖い、怖い怖い怖い……」と震える、というものだった。

　宇佐美さんは自分の腕に鳥肌が立ってゆくのを、呆然と眺めた。

「じゃあ、あなたもあのお婆さんを？」

『お婆さん……？』

「あの、白装束の」

『……えっ、なに？　わかんないこと言うのやめてよ、怖いんだから』

　見ていないのか。

　矢野さんの夢には、出てこなかったらしい。

しかしいずれにしても、異様な事態であることには違いない。

『とにかくもう一回、あのトンネルに行こう。……確かめよう』

「えぇっ？　う、嘘でしょ、なにを確かめるの？　あたし嫌だよ、絶対……」

『あたしだって嫌だけど、このまま訳にもいかないじゃん。どうにかしなきゃ』

そもそも最初にあそこへ行こうと誘ったのも、矢野さんである。

世間で「近寄ってはいけない」と言われるような場所には、やはり何か、相応の理由があるのかも知れない。

宇佐美さんは、特に深く考えもせず誘いに乗ってしまった、己の迂闊《うかつ》さを悔やんだ。


結局その次の週末、ふたりは再び、件のトンネルを訪れることにした。

今度は日中、陽の明るいうちが良いという話になり、昼前の出発。

行ってどうするという算段がある訳ではなかったが、夜が来るたびあの白装束の老婆の姿が頭に浮かんでしまい、宇佐美さんは不眠になりつつあった。このまま放っておくと、そのうち本当に恐ろしいことが起きてしまいそうで、心が休まらない。

せめてトンネルの前で、手を合わせるくらいのことはした方がいいのかも知れない――。

ふたりは言葉少なく車を走らせ、山道へと差しかかる。

しかし。

「……ねえ、どこから入るんだっけ」

「わかんない……。もうちょい先？　あれ？」

陽の高さが違うせいだろうか。前に通った筈の道がわからない。

峠を登りかけてはやめ、藪の中でUターンし、また登る。

ふと気がつくと、違う山の頂きを目指していたりもする。

一向に到着しない。

いや――そもそもあの時、すんなりと到着できたことのほうが、不思議だったのか。

途中で何度も地図を見て、通りがかりの人に現在地を訊ね、ようやく目的のトンネルへと続く道を見つけた時、ふたりはそう思った。

普通に考えればあんな夕暮れ時に、迷いもせず来れる山道ではなかった。

やっぱり最初から、何かがおかしかったのだ。


「着いた――」

宇佐美さんはトンネルの前に車を停め、重いため息をつく。

延々と道を探し続けていたので、すでに疲労困憊《ひろうこんぱい》である。

矢野さんもグッタリと、口もきかずに前方を見詰めるばかり。

使われなくなって久しい、古い隧道。

入り口は雑草にまみれていて、陽光の下では荒廃した様子が際立って見える。

さて。

どうしよう。

心霊だのなんだのといった知識は精々人並み程度しかなく、ましてや霊能者でもないふたりには、ここで何をするのが正解なのかまったくわからない。

兎にも角にも、まずは車から降りるべきだろう、と思った——その時である。


……ドン。

……ドン。ドン。

……ドン。ドン。

ふたりは顔を見合わせた。

気のせいではない。聞こえる。

彼女らが来るのを待ち構えていたかのように、どこかで誰かが、太鼓を打ち始めた。

鳥の声もしない静かな山に響き渡る、虚ろな鼓の音。

駄目だ。失敗した。来るべきじゃなかった。来てはいけなかった。

なんて馬鹿なんだろう。こんなところに自分から、二度も。まんまと。

目眩《めまい》がする。もう、取り返しがつかない――。


「――駄目だよここは。通れないから。今すぐ引き返しなさい」

ギョッとして横を見ると、制服姿の警官が運転席を覗き込んでいる。

突然強引に夢から引き戻されたような気がして、宇佐美さんは呆然と警官を見上げた。

「大丈夫？　戻れるね？　あそこでUターンして、国道に。わかった？」

「……はい」

掠れ声でどうにか返事をし、車を発進させる。

ざあ、と強い風が吹いて森が揺れる。

国道に出て、しばらく経ってから矢野さんが、「あのお巡りさん、どうやってあそこまで行ったんだろう」と呟いた。

「原付も自転車も、なかったよね。歩いて行くような場所じゃないのに」

宇佐美さんも同じ疑問を抱いていたが、返事ができない。

ふたりは憑き物が落ちたような脱力感の中、町に帰った。

※

なるほど、そのお巡りさんというのはどんな人でしたか、何歳くらいですかと訊ねると宇佐美さんは首を傾げた。

「えっと……。あれ？　男の人で、……あれっ？」

結構前の話だから、記憶が、と困惑顔。

矢野に訊いてみます、と目の前で電話をしてくれたのだが——何故か先方が要領を得ない様子である。

やがて宇佐美さんは言葉少なになり、静かに通話を切った。

「……なにこれ。こんなことってあるのかな」

「どうしました？」

「なんか、矢野が……。自分じゃないって言うんです。その頃は丁度妊娠してたし、そんな危ないトンネルに行ったことなんかないって」

「……一緒に行ったのは、矢野さんなんですよね？」

「はい。だって……、えっなにこれ、どうしよう。あたし今、凄く怖い――」

宇佐美さんの頬に鳥肌が立ち、首筋はみるみる白くなってゆく。

口をつぐみ、こちらを凝視するその目の奥は、どこか虚《うつ》ろである。

トンネルの入り口が封鎖され、心霊スポットとしての噂が下火になったのは、彼女らが太鼓の音を聞いてから、さらに数年後のことであった。

映画「未成仏百物語～ＡＫＢ48　異界への灯火寺～」について

糸曽賢志　監督

この映画のオファーを頂いたときは正直、驚きました。というのもアニメーション演出が私のキャリアの多くを占めていますし、ドキュメンタリーやＣＭをはじめ、ミュージックビデオや実写の劇映画も制作したり、監督をしたりしていたのですが、怪談というジャンルはこれまで手掛けた経験がなかったもので。

様々な映像作品を制作する機会はいただいていましたが、ホラー、怪談というのは私にとっては新しい挑戦でした。

怪談、実話の怖い話ですが、私自身、学生時代に一度だけ不思議なことがありました。心霊スポットに、霊感がある人を含め、友人たちと行ったことがあります。その時、心霊現象っていうのかな、現地で気を失う人が出たというような怖い体験をしたことがあります。読者の方も似たような経験、体験があるんじゃないでしょうか。そんな心霊スポットでの体験も思い出しながら今回の映画に取り組みました。

　また、今回の映画の主役がＡＫＢ48の方々（大盛真歩、小栗有以、行天優莉奈、倉野尾成美、込山榛香、坂口渚沙、鈴木優香、武藤十夢）と聞いて、怖がらせるだけ、驚かせるだけのホラー映画ではなく、映画を観終わった後も何かが心に残るような映画を作ってみたいと考えが膨らみました。

　そこでここでは映画のドラマの基本設定になるシーン、八人全員が揃って怪談を語る場面について、少しお話しさせてください。


　原作にはありませんが、映画ではお寺に集まった八人のメンバーが、それぞれ不思議な話や怖い話を座談会のように語り合います。そのシーンは熱海のお寺でロケを行い、撮影をしました。メンバーにはＡＫＢ48の制服を着てもらっています。怖い話の感想などを語り合うセリフもあえて普段、楽屋などで話をしているようにしたかったので、自由に自分たちの言葉で喋ってもらいました。

　もちろん映画ですからこのシーンもフィクションですが、ＡＫＢ48のメンバーが素の顔で怪談を語り合っているようにしたかったのです。読者の方も経験があるであろう、先ほどお話しした心霊スポットに行ったときのような雰囲気を出したかったのです。

実話怪談という体験者がいる恐怖の世界、つまり観客が身近に感じる恐怖の中にAKB48の八人をそのままを入れてみたいと思ったのです。そうすれば、映画を観ているお客さんもAKB48の皆さんが女優として演じている演技の恐怖ではなく、AKB48のメンバーとして感じている恐怖がリアルに感じられるのではないかと。

さらに恐怖をリアルに感じていただければ、ホラーのショック部分以外の何かを観客に伝えることができるのではないかと。

たとえば「見初められる」というエピソードは、祠の守り神が重要な話の鍵を握っています。意外な！　守り神の姿が語られます。怖さにもいろいろあることに思いを巡らせたり、心霊現象ではありますが、どうしてこんなことが起きるんだろうか、何かを伝えたかったのかな、と考えていくのは楽しいと思うんです。

撮影現場ですが、山のお寺のロケ現場は、異常に寒かったです。周りに比べても寒さが際立っている気がして、心霊現象の一種かなと頭の中で繋げてしまったのを覚えています。また真っ暗闇で恐怖フラグが立ちまくりで、AKB48のメンバーも寒いし怖すぎて早く帰りたい！　という感じでしたが、そこは頑張ってくれました。

武藤さんはムードメイカーで、司会者のようにスタッフにも突っ込む感じで、お寺の怪談語りのシーンではテキパキ動いてくれました。

また小栗さんは先輩と後輩の間に立って上手くまとめていただきました。

行天さんは心霊スポット撮影、ほんとに怖かったようで……大きな声が出てました。

本格的な演技が初めての方もいらっしゃったようですが、大盛さんが朗読原稿を完ぺきに覚えていたのには驚きました。本当に頑張り屋さんだなぁと。

事故物件サイトを運営している大島てるさんとの撮影では坂口さん、鈴木さんと一緒に私も事故物件の勉強をさせていただきました。

倉野尾さん、込山さんのエピソードはどちらも引き込まれ、観た後に考えさせられる内容になっていたと思います。

さて、映画のエピソード「宇宙人」（倉野尾成美）、「お泊り」（小栗有以）、「みのがし（原作：おりじるし）」（込山榛香）、「あそぼう（原作：なりそこね）」（武藤十夢）、「見初められる」（大盛真歩）がこの文庫に収録されています。映像と原作の表現の違いを比べてみてはいかがでしょうか。

先ほど、映画を鑑賞後にいろいろ想像したり、考えたりするのは楽しいのではと申し上げましたが、ここにも大きなヒントがあると思います。二〇二一年、九月十日から公開予定です。

（この原稿は文庫編集部が糸曽監督へのインタビューをもとに纏めたものです）

●糸曽賢志（いとそ・けんじ）

アニメ・映像監督。大阪成蹊大学 芸術学部長・教授。学生時代から読切漫画を多数執筆。宮崎駿監督にアニメ演出を学び、商業アニメーション制作に多数携わる。二〇〇六年株式会社KENJI STUDIOを立ち上げ、オリジナル作品の企画開発、産学連帯ビジネスを開始する。代表作、劇場アニメ作品「サンタ・カンパニー～クリスマスの秘密」「コルボッコロ」など多数。